FAZENDO AS PAZES COM O CORPO

DAIANA GARBIN

FAZENDO AS PAZES COM O CORPO

SEXTANTE

edição: Alessandra J. Gelman Ruiz e Alice Dias

revisão: Hermínia Totti, Luis Américo Costa e Rebeca Bolite

diagramação: Valéria Teixeira

capa: DuatDesign

foto de capa: Maurício Nahas

impressão e acabamento: Cromosete Gráfica e Editora Ltda.

CIP-BRASIL. CATALOGAÇÃO NA PUBLICAÇÃO
SINDICATO NACIONAL DOS EDITORES DE LIVROS, RJ

G195f   Garbin, Daiana
            Fazendo as pazes com o corpo / Daiana Garbin;
         Rio de Janeiro: Sextante, 2017.
            168p.; 16 x 23cm.

            ISBN 978-85-431-0541-3

            1. Felicidade. 2. Autoaceitação. 3. Autorrealização
         (Psicologia). I. Título.

                                                 CDD 158.1
         17-42340   CDU 159.947

Todos os direitos reservados, no Brasil, por
GMT Editores Ltda.
Rua Voluntários da Pátria, 45 – Gr. 1.404 – Botafogo
22270-000 – Rio de Janeiro – RJ
Tel.: (21) 2538-4100 – Fax: (21) 2286-9244
E-mail: atendimento@sextante.com.br
www.sextante.com.br

A TODAS AS PESSOAS QUE VIVEM EM GUERRA
COM O CORPO E COM A COMIDA.

SUMÁRIO

PREFÁCIO

Tem algo diferente no jeito como a Daiana se veste.

Calma. Antes que você pense *"Lá vem mais um marido querendo que a esposa se esconda"*, já digo que é exatamente o contrário. Eu acho que ela se esconde demais. Sempre achei.

Ela usa um sutiã que aperta os seios e deixa seu tórax praticamente chapado. Usa roupas muito largas no corpo. Não é todo marido que olha para a esposa e diz: "Tira isso aí, é muito pano! Vamos valorizar mais!"

Não, ela não precisa se esconder. Quem assiste ao canal dela no YouTube vê que ela é perfeita, uma obra de arte. Eu também vi tudo isso de longe, num Grande Prêmio Brasil de Fórmula 1, quando ela apareceu na minha vida pela primeira vez. Olhei para a Daiana com a mesma expressão assombrada que reconheço no rosto das pessoas assim que ela entra em algum lugar: os olhos arregalados, a boca entreaberta. A beleza dela choca. Naquele GP de F1 que Daiana estava cobrindo para o jornal *SPTV* e eu para o *Globo Esporte*, ela não me viu. Ah, mas eu a vi!

Quatro anos depois, nos casamos.

Desde o começo, saquei que tinha alguma coisa diferente com ela. Toda mulher reclama do corpo em algum momento, mas comecei a achar a preocupação dela desproporcional. Com frequência, ela "brigava com a imagem", como a gente diz no jornalismo esportivo. É tipo quando o comentarista insiste que não foi pênalti, mesmo com o atacante sangrando, urrando por conta de uma fratura exposta. A Dai brigava muito com a imagem: o reflexo era lindo, mas ela enxergava outra coisa.

Isto se chama "distorção da imagem corporal". Mas a briga com o espelho vai muito além disso. Para se curar, o caminho é bem longo e punitivo, passando por vários pontos importantes: a autoestima, a vergonha, a família, o marido, a comida, o trabalho, o espelho, a terapia, o remédio... Ela resolveu trilhar esse caminho, inclusive pedindo demissão para se dedicar exclusivamente a estudar, pesquisar e falar sobre como as mulheres podem fazer as pazes com o corpo.

E foi com o primeiro vídeo que fez para o YouTube, alguns dias depois de se demitir, que Daiana descobriu que não estava sozinha. Mais que isso: que as pessoas que assistem ao canal dela, assim como você que está com este livro nas mãos, é que são, na verdade, o padrão. A insatisfação com o corpo é muito, muito comum. E, especialmente no caso das mulheres, é incentivada pelo mercado, pela mídia e até pelas próprias mulheres.

Daiana resolveu falar sobre isso. A cada vídeo, postagem nas redes sociais e resposta aos milhares de e-mails que recebe e que em geral começam com "Pelo amor de Deus, não fala meu nome no canal", Daiana foi reunindo pessoas e construindo uma comunidade. Uma comunidade que chegou para combater, por exemplo, as blogueiras *fakeness* (essas que não passariam em nenhum exame *antidoping*) e para questionar a desnutrição quase subsaariana das modelos de campanhas de moda.

E aí você pensa: "*Uau, que legal, Daiana está curada e vai me ensinar a me curar!*" Não. Minha esposa vai oferecer algo muito melhor. Ela vai contar a verdade. Se deu errado, ela vai falar. Se foi uma merda, ela vai falar. Aqui não é o Instagram perfeitinho "Puxa, sou muito feliz e estou lacrando". Aqui não tem hormônio do crescimento nem hashtagzinha, nem milk-shake de whey. Aqui não tem fotinha com o endocrinologista. Isso tudo é uma puta babaquice. Aqui neste livro você terá algo muito melhor, porque é verdadeiro. Seria isso um *spoiler*?! Pode ser. Quer outro? Daiana não está totalmente curada. Há dias ótimos, dias bons, dias ruins e dias horrorosos. O que mudou foi a proporção: os bons e os ótimos, hoje, são maioria. E, como minha esposa é honesta, ela vai deixar claro que não existe milagre nem fórmula de farmácia de manipulação que cure esse problema abordado no livro. E ela também não é uma revoltadinha que fica fazendo textão e protesto.

Não é nada disso.

A Daiana está aqui para, com transparência, apresentar a realidade. Abrir os arquivos mais íntimos e mostrar que somos todos humanos. Há coisas que ela conta aqui que nem eu sabia. Há também muita coisa que ela aprendeu com alguns dos melhores especialistas do país, profissionais de várias áreas da saúde física e mental. Fora as dezenas de livros que devorou nesses últimos meses!

E existe o caminho, como eu estava falando. Daiana vai contar como ele é e por que vale muito a pena. Será que existe uma parada final? Não sabemos. Será que o caminho é tão longo que somente nossos filhos e netos vão poder desfrutar de um mundo livre da pressão pelo corpo perfeito? Talvez. Mas, para isso, alguém tem que caminhar, e Daiana resolveu fazer isso. Por ela e por todos. Nas páginas a seguir ela vai começar do começo, voltar aos traumas de infância e, depois, por mais doloroso que seja, vai refazer o caminho inteirinho até os dias de hoje, mas agora com a sua companhia. Que bom que ela não está sozinha desta vez.

TIAGO LEIFERT

INTRODUÇÃO

Por mais de 20 anos, vivi uma guerra interna.

Eu odiava meu corpo. Odiava minhas curvas, meu quadril largo, minha estrutura grande. Nunca gostei de ser chamada de mulherão – algo que muita gente consideraria um elogio. Para mim, era quase um xingamento. Eu era pesada demais, gorda demais, inadequada demais. Pelo menos era o que eu pensava.

Comecei a travar batalhas diárias contra mim mesma muito cedo. Colocar uma roupa para sair de casa era um suplício. Eu praticamente só me vestia de preto e sempre com blusas de manga, de preferência longa. Nunca saía com os braços de fora pois tinha vergonha de como eles eram grossos. Em alguns dias eu nem conseguia sair para trabalhar, com medo de que as pessoas rissem de mim, de como eu era imensa e esquisita.

Foram raras as vezes em que me olhei no espelho sem roupa e fiquei feliz com o que vi. Não gosto de tirar fotos e guardo pouquíssimas em que minha imagem não me desagrada por completo. Em geral, são aquelas em que meu corpo não aparece. Também não gosto de me ver em vídeos, mesmo tendo trabalhado por muito tempo como repórter na TV. Nunca gostei de assistir às matérias que fazia, mas tive que aprender a tolerar e a conviver com isso.

É horrível não se sentir bem na própria pele. É péssimo não se sentir confortável no corpo que você habita. E isso não tem nada a ver com vaidade. É uma vergonha extrema, uma sensação de total estranhamento em relação ao meu corpo. Como se ele não me pertencesse.

No entanto, sempre achei meu rosto bonito. Gosto do meu cabelo, dos meus olhos, adoro me ver maquiada. Infelizmente, a visão que eu tinha do meu corpo sempre foi bem diferente. Tenho tanto pavor de engordar que desenvolvi uma relação doentia com a comida. A hora das refeições era uma tortura: eu queria devorar tudo o que estava na mesa, até mesmo o que havia no prato dos outros; por outro lado, não queria comer para não engordar. A comida acabou se tornando minha maior paixão e minha pior inimiga. Se eu comia, me sentia um fracasso. Se não comia, a vontade aumentava ainda mais. Não havia meio-termo, ou eu comia incontrolavelmente ou passava dias à base de maçã e água.

Datas como Natal e Ano-Novo eram terríveis. Um mês antes, eu já ficava desesperada só de pensar que teria que encarar aquelas mesas lindas e cheias de pratos deliciosos, temendo não ser capaz de me segurar. Ir a algum restaurante em que houvesse bufê para se servir à vontade era a morte para mim. Só de imaginar a possibilidade de comer livremente, eu entrava em pânico. Comigo não existia essa coisa de "Não estou com vontade hoje". Nunca! Eu não tinha fundo. Eu não tinha limites.

Além de tudo, eu me punia por sofrer assim. Pensava: *Como posso ser tão egoísta de sofrer por uma mesa cheia de comida enquanto milhares de pessoas no mundo estão passando fome?* Então eu chorava por sofrer por comer. Chorava por me sentir uma pessoa má.

Eu queria ser magra, seca. Sonhava em ver meus ossos aparecendo sob a pele. Sabe aquele corpo que parece que vai quebrar de tão esquelético? É assim que eu queria ser – e essa obsessão me perseguiu por mais de 20 anos.

Para conseguir ser magra, já fiz tudo o que você pode imaginar. Tomei todos os tipos de remédios para perder peso e controlar o apetite: anfetaminas, tarja preta, fórmulas e medicamentos fitoterápicos e até remédios para diabetes. Tomei laxantes, diuréticos, calmantes, ansiolíticos, estimulantes, soníferos e também aquele medicamento que tira 30% da gordura dos alimentos, mas que, ao menor descuido, faz você sujar as calças sem perceber. Fiz todas as dietas que existem – da proteína, da lua, do abacaxi, dos dias ímpares, do jejum. Já fiquei dois anos sem comer carboidratos. Tentei vomitar depois das refeições, mas não consegui. Desejei ter anorexia, mas não resistia muitos dias sem comer. Fiz diversos tratamentos estéticos e confesso que já fiz três cirurgias de lipoaspiração – e ainda precisei pegar empréstimo bancário para pagar esses procedimentos, ficando endividada até as orelhas por muitos anos.

Você deve estar pensando que passei por tudo isso porque era obesa. Na verdade, não. Tenho 1,70 metro e meu peso variou, nos últimos vinte anos, entre 57 e 72 quilos, o que corresponde a IMCs (Índice de Massa Corporal) entre 19,7 e 24,5. Ou seja, tudo dentro da faixa considerada normal pela Organização Mundial da Saúde. Em termos médicos, nunca estive nem com sobrepeso.

Hoje sei que nunca fui gorda de fato. Mas saber e sentir são coisas totalmente diferentes. Mesmo ciente de que estava dentro da faixa de peso saudável, eu não era capaz de sentir isso. Só pensava em ser cada vez mais magra.

Aliás, não conseguia conversar com ninguém sobre esse assunto, quanto mais entender o que estava acontecendo comigo. Eu carregava um enorme fardo que era invisível para os outros. Por muitos anos, me esforcei para fingir que esse problema não existia, por medo do que as pessoas iriam pensar de mim. Eu imaginava que diriam: "Ah, que patricinha! Como ela pode dizer que não gosta do corpo dela?! Como pode dizer que é infeliz? Essa menina é louca! Ela não é gorda!" Muitas vezes eu mesma me julguei e acreditei que realmente fosse uma mimada que não tinha outra coisa com que se preocupar. No início, achei que fosse coisa de adolescente, que iria passar. Mas não passou.

Demorou muito até eu perceber que o problema de peso que atrapalhava minha vida não estava no meu corpo – estava na minha cabeça. Mas eu só soube disso quando tive coragem de procurar ajuda médica. E foi então que finalmente descobri que o que eu tenho não é maluquice, não é frescura, não é vaidade. É uma doença.

Sofro de transtorno alimentar não especificado, que é uma das manifestações do transtorno alimentar. Nesse quadro, a pessoa apresenta um comportamento desequilibrado em relação à comida, gerando prejuízos reais para a saúde e causando um sofrimento profundo. No entanto, ele é "não especificado" porque não se encaixa em todos os critérios de nenhum transtorno específico. Por exemplo, eu tinha comportamentos típicos de uma anoréxica, mas nunca cheguei a ficar muitos dias sem comer nem tive perda de peso acentuada. Também costumava usar métodos purgatórios (como o uso frequente de laxantes), mas não apresentava todas as características do quadro de bulimia.

Um dos meus sintomas – o que mais me fazia sofrer – era a distorção da imagem corporal, que fazia com que eu enxergasse meu corpo de uma maneira totalmente diferente de como os outros me veem.

Eu queria muito me ver como as pessoas me viam. Mas isso não acontecia. E parte da minha angústia tinha a ver com o fato de que ninguém parecia entender o tamanho do meu sofrimento. Muitas pessoas nem sequer acreditavam que eu tinha uma doença de verdade.

Então me dei conta de que era hora de dar um basta. Estava exausta de me odiar, de não me aceitar. Não aguentava mais tratar meu corpo como se fosse meu inimigo. Decidi priorizar minha saúde, cuidar do meu corpo, da minha mente e da minha alma.

Depois de pensar bastante, ler muito, analisar, ponderar, fazer contas e planos, resolvi transformar por completo minha vida. Em abril de 2016, iniciei uma nova fase. Pedi demissão do emprego e criei um canal no YouTube, chamado EuVejo, para falar abertamente sobre o meu problema e dividir com as pessoas as minhas dúvidas e descobertas. A ideia era entrevistar nutricionistas, psicólogos, psiquiatras e especialistas em transtornos alimentares com o objetivo de chamar atenção para um assunto sobre o qual ninguém parecia querer falar.

A essa altura eu já sabia que não estava sozinha, que muita gente sofria em silêncio, oprimida pela vergonha e pelo medo do julgamento alheio. Desde que o canal foi criado, já recebi milhares de mensagens de pessoas me confidenciando suas maiores angústias e me agradecendo por ter dado voz à sua dor. Espalhei alguns desses depoimentos ao longo do livro para mostrar que nosso sofrimento é real, é legítimo e mais intenso do que a maioria das pessoas é capaz de imaginar. Os nomes dos personagens são fictícios, mas as histórias são dolorosamente verdadeiras.

Precisamos fazer uma revolução interior. Precisamos mudar. Não podemos mais permitir que a mídia, as redes sociais e a indústria da moda destruam nossa autoestima ditando um padrão de beleza impossível de ser alcançado pela maioria das pessoas. Somos mais de 7 bilhões no planeta e ninguém é igual a ninguém. Como pode haver um "padrão de beleza"? Ser bonito é ser feliz do jeito que você é. É viver em paz com o seu corpo do jeito que ele está. É respeitar-se independentemente do número que aparece na balança.

Escrevi este livro para dividir com você como os acontecimentos que deram origem aos meus problemas foram se sobrepondo até culminarem em uma situação insustentável, e como, a partir daí, comecei a aprender a respeitar meu corpo e a fazer as pazes com a comida e com a saúde. Vou mostrar tudo o que fiz para conseguir gostar do que eu enxergo no espelho, para desenvolver a autocompaixão, o amor-próprio, para ter prazer de comer sem culpa, sem excessos e sem restrições, e para, sobretudo, parar de me julgar e me aceitar como sou, com todos os meus defeitos e qualidades.

Descobri que é possível, sim, ser feliz exatamente como se é. Não vou dizer que é fácil, não vou prometer nada. Não existe receita nem fórmula mágica. É um caminho difícil, mas que vale a pena ser trilhado.

Como fiquei perdida muito tempo nesse labirinto, espero que minha experiência ilumine seu trajeto e ajude você a encontrar a saída. Porque tem saída, acredite.

PARTE I

MINHA JORNADA

CAPÍTULO 1

A HORA MAIS ESCURA

Estávamos no final de 2014. Logo depois do Natal, meu marido e eu viajamos com a família dele para um resort em Foz do Iguaçu, para passar a semana do Ano-Novo. O lugar era lindo, ficava em meio a uma natureza exuberante, com barulho de água, tudo perfeito. A comida do hotel era maravilhosa. Café da manhã, almoço, lanche da tarde e jantar: todas as refeições eram servidas em uma mesa gigantesca, com diversas opções, cada uma melhor que a outra.

No primeiro dia, amei! Eu estava de férias, feliz, rodeada de algumas das pessoas que mais amo no mundo. Não ia me preocupar em fazer dieta. Então liberei geral. Comi, comi, comi... Comi até não aguentar mais. Não houve uma só refeição em que eu não tivesse comido até ficar empanturrada. Foram quatro dias comendo sem limites.

Como era de esperar, engordei. O vestido do réveillon ficou muito apertado. Mesmo assim, comi tudo o que pude naquela noite. Na manhã do dia 1º de janeiro de 2015, acordei, me olhei no espelho sem roupa e desmoronei. Eu vi no reflexo uma pessoa imensa, com um barrigão enorme, cheia de celulite. Chorei de vergonha do meu corpo, chorei por ser tão descontrolada, chorei porque meu corpo estava horrível e porque eu odiava cada curva e cada dobra dele. Eu sentia muita culpa por ter comido tanto e ao mesmo tempo me sentia péssima por me sentir assim.

Fui chorar no banheiro para meu marido não perceber meu desespero. Mas o Tiago percebeu, é claro, e perguntou o que estava acontecendo. Em prantos, implorei: "Por favor, me tira daqui! Eu não aguento mais comer, quero ir para casa. Não sei lidar com tanta comida! Me ajuda, me tira daqui!"

Com toda a paciência do mundo, ele me acalmou. Eu estava tão nervosa que nem lembro o que ele me disse. Só sei que me tranquilizou e me convenceu a não ir embora. Ficamos no hotel mais três dias, mas em nenhum momento eu me senti à vontade ou em paz. Tudo o que eu queria era pegar o avião e voltar para minha casa, para minha dieta e para a vida sobre a qual, eu acreditava, tinha controle.

Poucos dias antes da viagem, eu já não suportava mais a minha relação doentia com a comida e havia colocado meu sofrimento em palavras pela primeira vez. Nos últimos tempos, estava cada vez mais difícil lidar com tudo aquilo, por isso escrevi uma carta para mim mesma expressando de maneira muito dura toda a dor que eu sufocava havia tantos anos. Este trecho que reproduzo a seguir representa bem o tamanho do meu desespero:

Uma baleia. Uma porca gorda. Parabéns! Você conseguiu! Conseguiu comer tanto que apareceu um número na balança que havia dois anos não aparecia. Parabéns, sua gorda! Agora só tem banha de novo, sua cara está redonda, com aquelas bochechas ridículas e os braços moles e gordos como nunca. As calças parecem embalagens a vácuo e as camisas estão esticadas nas costuras. Parabéns! Vai parar de comer agora? Ou vai virar uma baleia assassina para não entrar em nenhuma roupa?

(26 de dezembro de 2014)

Fazia dois anos que eu encarava uma dieta hiper-restritiva, ingerindo entre 600 e 800 calorias por dia, quase sem carboidratos. Perdi 8 quilos nos três primeiros meses dessa dieta maluca. Na opinião das outras pessoas eu já estava suficientemente magra – na verdade, parecia até estar doente. Mas para mim não era suficiente. Nunca era.

Do final de 2012 até o final de 2014, contava cada caloria que consumia e me pesava o tempo inteiro. Até cinco vezes por dia. Acordava e subia na balança. Aí fazia ginástica e me pesava de novo. Depois do almoço, lá íamos nós para a balança outra vez. Chegava em casa no fim da tarde, fazia xixi e me pesava novamente para ver quanto havia "emagrecido". E, antes de dormir, voltava a me pesar.

Mas era muito difícil lidar com aquela dieta tão rigorosa, então, nos fins de semana, eu comia tudo o que conseguia. Era tudo ou nada. Restrição ou compulsão. E foi assim que cheguei ao que considero meu pior momento, quando pensei que iria enlouquecer, naquele fatídico réveillon de 2014 para 2015. Foi muito sofrido, mas também transformador. E foi o ponto de partida para iniciar minha jornada.

Chega!

Depois daquela viagem, decidi que precisava mudar. Tinha que dar um fim àquela tortura em que havia se transformado minha relação com a comida, com o meu corpo, com a minha vida.

O que estava acontecendo comigo? Eu necessitava de respostas para poder viver em paz, porque, quando a pessoa tem uma relação doentia com a comida, sofre a cada refeição – ou seja, no mínimo três vezes por dia. A comida é o combustível do corpo, mas, para quem se sente como eu, é como se fosse um veneno. Eu sabia que estava doente e precisava de tratamento.

Resolvi procurar uma psicóloga, mas durante o ano inteiro em que fiz terapia nunca me abri totalmente. Já cheguei à primeira consulta dizendo: "Olha, talvez o que eu tenha seja uma grande bobagem. Talvez eu sofra com meu corpo e com a comida porque não tenho problemas de verdade. Talvez eu seja fútil e vazia. Só sei que sinto muita culpa e que sofro cada vez mais." Como não contei todas as loucuras que já tinha feito para emagrecer, é claro que não cheguei ao cerne da questão com essa psicóloga.

Eu precisava encontrar uma saída, então tinha que ir mais fundo. Em maio de 2016, procurei uma psiquiatra e finalmente expus todo o meu drama, dessa vez sem ocultar nada. Foi assim que tive meu diagnóstico: transtorno alimentar não especificado.

Iniciei o tratamento, que consistia em sessões semanais de terapia, além de um acompanhamento mensal com a psiquiatra e consultas, a cada 15 dias, com uma nutricionista especializada em distúrbios alimentares.

Nesse processo, ficou claro que eu precisava buscar respostas no meu passado. Para entender a origem do meu transtorno alimentar, compreender o imenso sofrimento em que me via presa e desatar os nós que me seguravam, seria necessário voltar no tempo e revisitar algumas passagens dolorosas da minha infância e adolescência.

Um mergulho no passado

Não sei direito se a relação doentia que sempre tive com meu corpo me levou a ter uma relação doentia com a comida ou se foi o contrário. Minha esperança era que essas antigas lembranças pudessem me ajudar a encontrar o fio da meada do emaranhado em que minha vida tinha se transformado no que diz respeito à alimentação e à minha ideia de um corpo aceitável.

Montar esse quebra-cabeça é complicado. Passei por situações delicadas, que me marcaram profundamente. Mas isso não significa que fui uma criança triste. As histórias ruins se misturam às boas. Na maior parte do tempo, eu era uma menina alegre e sorridente. Meu sofrimento só aparecia diante do espelho ou de um monte de comida. Não sei dizer em que momento essas questões deixaram de ser algo por que toda criança ou todo jovem passa e se tornaram um problema maior, uma doença, mas sei que as memórias são fundamentais nesse caminho de cura. Elas nos ajudam a nos compreendermos – e nos acolhermos.

Durante uma sessão de terapia, relembrei que a primeira vez que me senti gorda foi aos 5 anos, quando minha mãe me colocou no balé. As meninas geralmente adoram se vestir de bailarina, sentem-se como princesas de contos de fadas, só que comigo não foi assim. Eu me sentia uma menina grandalhona e barriguda de collant azul-clarinho, com uma saia de tule por cima, que me fazia parecer maior ainda. Minhas lembranças dessa época não são muito claras, mas sei que me sentia apertada, amarrada, desconfortável com aquela roupa que éramos obrigadas a usar.

Hoje percebo que eu era apenas uma criança grande. Nunca fui obesa, mas tinha ossos largos e era muito alta para a minha idade. Então eu ficava enorme ao lado das outras meninas, bem menores e miúdas.

Também não gostava do penteado de bailarina – o cabelo preso bem esticado com um coque apertado no alto da cabeça – porque minhas orelhas eram muito grandes e isso as ressaltava. No colégio me chamavam de "orelha de abanar churrasco", por isso eu só usava o cabelo solto, para escondê-las. Mas no balé não tinha jeito.

Eu detestava não só a roupa e o penteado, mas também a aula.

A professora me mandava esticar as costas e colocar as pernas naquelas barras: "Daiana, coluna reta, postura, elegância!" Eu não conseguia fazer aquilo, não tinha flexibilidade, doía muito. Apesar disso, me esforçava porque amava dançar e era um desafio para mim. O principal motivo para eu não gostar das aulas, no entanto, era que eu me comparava com minhas colegas magrinhas e flexíveis. E, na minha cabeça, uma informação já tinha ficado registrada: eu estava fora do padrão.

Certo dia, minha mãe foi me buscar na aula e eu estava sozinha, sentada em um canto chorando muito. Ela perguntou o motivo e eu não conseguia parar de chorar para contar. Quando chegamos em casa, finalmente falei: a professora tinha dito que íamos começar a ensaiar para a apresentação de fim de ano, que aconteceria no Clube do Comércio, o mais chique da minha cidade, Farroupilha, no Rio Grande do Sul.

Se na minha pequena sala eu já me sentia gorda e desajeitada... imagine aparecer em um palco, de collant, na frente de todo mundo? Entrei em pânico. Depois desse dia, não quis mais voltar ao balé, e minha mãe, que sempre foi muito carinhosa, entendeu a situação e me tirou do curso.

Embaixo das roupas

Depois que saí do balé, a vergonha do meu corpo desapareceu e tudo voltou ao normal.

O tempo foi passando e lá pelos 6 ou 7 anos aprendi a ler. De repente fiquei muito exibida. Sabe aquelas crianças que gostam de aparecer? Eu fiquei assim. Lia bem e não perdia uma oportunidade de fazer isso em público.

Todo domingo, na missa, eu pedia para subir ao altar e ler alguma coisa, como as orações ou o que fosse possível. Quando fiz a primeira comunhão, pedi para ler parte dos textos da cerimônia. Na escola, era sempre a representante de turma e, nos trabalhos de grupo, me oferecia para fazer as apresentações na frente da sala. Nunca tive vergonha de falar diante dos outros, por isso é que, mais tarde, acabei escolhendo minha profissão: jornalista e repórter de TV.

Mas, secretamente, eu sabia que aquela minha desinibição toda também tinha muito a ver com o uniforme da escola. Ele era bem largo e eu me sentia protegida. Se tivesse que falar vestindo o collant do balé, acho que a história seria outra. Sempre usei a calça de moletom do uniforme folgada, uma camiseta comprida até o joelho e o agasalho amarrado na cintura. E ficava muito feliz daquele jeito. Na verdade, eu já usava minha habilidade para falar em público como recurso para esconder a vergonha do corpo, que, no fundo, não tinha ido embora. Ela estava lá, só que camuflada sob as roupas.

A medida da tristeza

Centros de Tradições Gaúchas, ou CTGs, são comuns nas cidades do Rio Grande do Sul. São como clubes culturais de dança, canto e poesia, nos quais há também eventos em que são reproduzidas músicas e coreografias tradicionais, com roupas típicas, concursos, etc.

Eu e minha família éramos frequentadores assíduos dos eventos do CTG Ronda Charrua, na minha cidade. Participei de vários grupos de danças típicas e ganhei muitos concursos de declamação de poesias. Levei mais de dez troféus para casa, quase todos de primeiro lugar.

Aos 8 anos, participei do concurso para "Primeira Prenda". Esse título é muito importante na cultura gaúcha. Não é um concurso de beleza – aliás, a beleza é o que menos conta. O que vale são conhecimentos gerais, sociabilidade e simpatia. Primeiro, você tem que fazer uma prova escrita de história, geografia, tradições e folclore. Depois, há uma prova oral, que é como uma entrevista, e em seguida há uma prova artística, em que é preciso declamar poesias, cantar ou tocar um instrumento musical e fazer artesanato.

Eu subia nos palcos, me apresentava, falava superbem e tirava ótimas notas nas provas. Minha pior nota era sempre em canto, mas, mesmo desafinada, mandava ver! Nunca tive vergonha de fazer nada no CTG.

O grupo do qual eu fazia parte costumava participar de concursos de dança nos rodeios, e todas as meninas tinham de usar roupas iguais, os vestidos de prenda. Certo dia, juntaram todas as gurias para tirar medidas para confeccionar os vestidos. Fizemos uma fila para passar pela costureira, que, com sua fita métrica, media e anotava em seu caderno o tamanho de braços, costas, pernas, quadril e cintura de cada menina.

Desde que saíra do balé, havia deixado a questão do meu corpo um pouco de lado. Nunca tinha parado para pensar nas minhas medidas, por exemplo. Nem sabia o meu peso naquela época. Mas, quando a costureira passou a fita métrica ao redor da minha cintura, descobri que era a mais grossa de todas. Percebi que todas as meninas do CTG eram mais magras que eu.

Os vestidos de prenda marcam bem a cintura, e eu, na verdade, não tinha cintura. Na minha cabeça, tinha só uma barriga redonda. Ah, como minhas amigas Michele, Joana e Renatinha eram magrinhas! A cintura delas era fininha como a da Barbie e eu queria ser igual a elas! Eu apertava minha barriga com as duas mãos, chorando e pensando: *Se eu apertar bem, minha barriga vai afinar...* A partir desse dia, se tornou oficial: passei a me comparar com as outras pessoas o tempo todo.

Come tudo, come mais!

Venho de uma família simples. Lá em casa não havia luxo. Meu pai era motorista e minha mãe teve pequenas empresas, primeiro de roupas de cama e depois de malhas. Numa época de maior aperto financeiro, ficamos um bom tempo sem carro, meus pais não puderam mais pagar escola particular, então eu e meus irmãos passamos a estudar em escola pública. Mas, quando se tratava de comida, a mesa era sempre farta.

Afeto, diversão e comida são coisas intimamente relacionadas para mim. Na minha família, de origem italiana, acabamos associando comida às nossas emoções. Se estamos alegres, comemos. Se estamos tristes, comemos. Para curar doença, comida. Para aquecer e confortar, comida. Qualquer celebração ou encontro acontece em volta da mesa, com algo para pôr na boca. E como todos os bons descendentes de italianos, meus pais diziam aos filhos: "Come tudo! Come até o fim! Raspa o prato! Come mais!"

Nossos ancestrais viveram a guerra, passaram fome, então fomos educados para não desperdiçar comida: "Se está no prato, tem que comer tudo!" Isso, por outro lado, acabou fazendo com que comêssemos muito mais do que o necessário – um hábito que ficava evidente na forma física de todos da família.

Para piorar, quando eu era pequena, meus pais acreditavam naquela história de que criança gordinha é que era saudável. Os magrelos eram "anêmicos" ou "fracos". Então tomávamos litros daquele tônico para abrir o apetite. E como abria!

Minha mãe cozinha muito bem. Meu pai também: fazia churrasco, sopa de capeletti... A gente comia até o botão da calça abrir, até "esticar o couro da barriga", como se fala na minha cidade. Quando nos empanturramos até não aguentar mais, costumamos dizer que comemos até ficar *sdjonfa*, uma palavra do dialeto falado na região do Vêneto, no nordeste da Itália, de onde vieram os imigrantes que colonizaram a minha região do Rio Grande do Sul, em 1875.

Sdjonfa era o normal na nossa família. A gente nunca saía da mesa sem ficar *sdjonfa*. Mesmo depois que a fome passava, a gente continuava comendo, comendo... Era a nossa diversão.

Portanto, comer, comer muito, era uma coisa boa, algo que eu amava fazer, pois só me trazia bons sentimentos.

Até que passei a sofrer porque comia.

E comer passou a ser um problema imenso na minha vida.

Meus fatídicos 12 anos

Quando eu estava prestes a entrar na puberdade, três fatos tiveram um impacto muito forte, traumático mesmo, na minha vida. Foram outros marcos importantes na minha guerra com o corpo e com a comida.

O primeiro deles ocorreu em uma aula de educação física. A professora anunciou que naquele dia não haveria atividades porque ela ia pesar e medir todos os alunos. Gelei. Ela pediu que nos enfileirássemos, e eu senti como se aquela fosse uma fila de fuzilamento.

Em voz alta, a professora ia falando o peso e a altura de cada aluno. Sei que não é culpa dela e que esse deve ser um procedimento comum nas escolas, mas aquilo me fez um mal enorme. Muito provavelmente a professora não imaginava que o fato de subir numa balança, na frente da turma inteira, me causaria a maior vergonha que eu já tinha vivido até ali.

Naquele dia, eu – e cada um dos meus colegas – descobri que eu tinha 60 quilos e que era a menina mais pesada da turma. Lembro até hoje dos cochichos, das risadinhas disfarçadas e do meu constrangimento, que não me deixava nem olhar para o lado para descobrir quem estava rindo de mim.

Talvez você pense: "Que exagero! Isso é coisa de criança! Isso passa, que besteira!" Pois é, também pensei isso. E queria muito que tivesse sido assim. Mas não foi.

O baque foi tão grande que nem ouvi o outro número que a professora falou, o da minha altura. Naquela idade, eu já tinha mais de 1,60 metro, o que fazia com que aqueles 60 quilos não significassem gordura ou obesidade. Mas a comparação com o peso das outras crianças da minha classe, mais baixas e franzinas, fez com que eu me sentisse a mais gorda de todas.

Era como se aquele número tivesse finalmente transformando em realidade a percepção de que eu era gorda.

A calça jeans

Aos 12 anos meu sonho era ter uma calça jeans. Até então, eu só usava as calças do uniforme da escola ou calças de moletom.

E enfiei na cabeça que queria ter uma calça jeans.

Fiquei meses juntando dinheiro da mesada e ainda chorei pedindo para minha mãe completar o que faltava. Quando finalmente juntei a quantia, fui toda feliz até a Evolução, a loja de roupas mais legal que existia na minha cidade.

Tinha lido numa dessas revistas para adolescentes que a calça jeans ideal para a minha idade seria tamanho 34, 36 ou, no máximo, 38. Na loja, a vendedora perguntou qual era meu tamanho. Pensei: *Bom, eu não sou magra, então o 34 não vai servir, mas 36 ou 38 deve caber.* Falei para trazer 36. Ela trouxe calças de alguns modelos diferentes e comecei a provar. A primeira parou no joelho. "Moça, não serviu. Tem maior?" Então ela trouxe um tamanho maior e... parou no quadril. Meio sem jeito, pedi outro tamanho. Aí ela já foi trazendo várias outras calças, de modelos variados. Uma delas subiu até a cintura, mas não fechou. A seguinte até fechou, mas estava tão apertada que eu me senti um salame.

Depois de provar a loja inteira, consegui respirar dentro de uma calça jeans. Nunca vou esquecer: era de um azul bem escuro, com elastano. "Moça, esta deu!!", exclamei para a vendedora, feliz por ter encontrado um tamanho que cabia em mim.

Fiquei um tempão me olhando no espelho. Minha primeira calça jeans! Olhei de frente, de lado, de costas, virei milhares de vezes. Mas a imagem que eu tinha de uma menina de calça jeans, a que eu tinha visto nas revistas e na TV, não era bem aquela que aparecia no reflexo do espelho. Eu imaginava que iria ficar linda, magra, chique, que deixaria de ser uma criança gordinha que usava o uniforme da escola para ser uma jovem moderna de jeans.

Não senti nada daquilo, mas mesmo assim comprei a calça. Paguei, apanhei a sacola das mãos da vendedora e voltei para casa. Só fui usá-la pela primeira vez alguns dias depois. Ao pegar a calça no armário para arrancar a etiqueta, reparei no tamanho. Meus olhos se encheram de lágrimas, porque aquele era um número que eu não queria ver: 42.

Eu não queria ser 42. Eu odiava ser 42! Eu queria ser 36. A Renatinha era 36. A Joana era 34! Até 38 eu aceitaria, mas 42? Era muito pior do que pensava! Eu queria ter a bunda pequenininha e redondinha como a das minhas colegas. Mas tinha um bundão quadrado, era reta, sem cintura e sem peito. Ou seja, na minha cabeça aquela era uma droga de corpo.

Então comecei a ter raiva das pessoas magras. Era uma espécie de ódio ou inveja. Não por maldade, claro. Mas porque eu queria ser como elas.

Entre todos os episódios dolorosos da minha infância e juventude, este foi o mais determinante para que a semente da minha doença começasse a se desenvolver.

Coração partido

Naquele mesmo terrível ano, meu coração passou a bater mais forte por um colega de classe. Foi a primeira paixão da minha vida. Na minha cabeça, ele era o menino mais lindo e perfeito do mundo.

É claro que eu queria que ele também gostasse de mim, então eu fazia de tudo para isso. Tentava ficar o máximo possível perto dele, fazia os meus trabalhos e os dele, passava cola nas provas...

Ele realmente foi me dando mais atenção e ficamos cada vez mais próximos. Só que, um belo dia, ele se virou para mim e disse: "Sabe, Daiana? Eu sei que você gosta de mim, todo mundo está falando. Você até que é bonitinha, mas eu não gosto de você, porque você é meio gordinha."

O que ele disse foi a reafirmação de todos os meus medos, receios e preocupações com meu peso e meu tamanho. Se ele tivesse me dado um soco, acho que não teria doído tanto. Não era mais uma sensação: eu tinha sido verdadeiramente rejeitada por causa do meu corpo. E se sofrer rejeição quando adulto é ruim, imagine aos 12 anos.

Depois desses acontecimentos, comecei minha primeira dieta. Eu já odiava bastante meu corpo e passei a sentir culpa sempre que comia, porque não queria engordar. Minha vida virou um inferno.

Eu simplesmente tentava não comer. Meus pais trabalhavam o dia inteiro, então era fácil para mim pular refeições sem ninguém perceber. Passava alguns dias sem me alimentar de verdade, só comendo maçãs e bebendo água. Por outro lado, quando eu via a mesa posta, cheia de comida, me proibia de comer e sofria muito. Pensava: *Como alguém pode sofrer por ter comida boa na mesa, Daiana? Deus ainda vai te castigar e te dar uma doença de verdade.* Em seguida, vinham os episódios de exagero, em que, para acabar com aquela fome absurda que estava sentindo, comia tudo o que havia pela frente. E aí eu me afogava em culpa e sofrimento mais uma vez, agora por comer.

Eu me sentia uma baleia gorda e disforme. Minha mãe fazia de tudo para tentar mudar minha cabeça. "Minha filha, tu és linda! Quando ficares mocinha, teu corpo vai mudar, vai fazer cintura, vão crescer os seios e vais ficar com um corpo lindo!"

Ela dizia que eu era linda como a princesa Diana. Lady Di, aliás, foi a inspiração para meu nome, porque minha mãe estava grávida de mim quando ela se casou com o príncipe Charles. Ela conta que passava a mão na barriga e dizia: "Minha filha vai ser linda como a princesa!"

Então, finalmente, aos 14 anos, "virei mocinha". Fiquei muito feliz quando veio minha primeira menstruação, porque enfim eu ia ter o corpo bonito que sempre quis! Seria só uma questão de tempo: eu ia me transformar na princesa que minha mãe dizia que eu era. Em alguns meses minha cintura afinaria, eu iria emagrecer e virar uma mulher com o corpo bonito.

Esse era o conto de fadas em que eu queria acreditar.

PAULA, 22 ANOS

"Desde que me entendo por gente, odeio o meu corpo. Não, não é exagero usar a palavra odeio, porque é o que eu sinto. Tudo começou quando eu era uma garotinha na segunda série mais ou menos e sofri bullying. Passei por coisas sérias. Fizeram montagens que ridicularizavam meu corpo e minha imagem e espalharam na internet. Eu era zoada, menosprezada, diminuída... Eu era alguém que eu mesma não gostaria de ser. Cheguei a tentar me matar. Mas falhei porque algo dentro de mim dizia que a morte não era a salvação. Mas será que eu teria alguma salvação?

Enquanto escrevo, as lágrimas rolam, e eu sinto um misto de coisas tão assustadoras que me levam a pensar: O que eu fiz comigo mesma? Que imagem criei de mim? A que ponto cheguei? Ora, tenho só 22 anos, uma vida inteira pela frente. Tenho saúde, tenho uma família, tenho uma vida que desperdicei por não saber me amar. Eu só queria conseguir olhar no espelho e ver a garota bonita e encantadora que a minha mãe vê. Mas tudo o que eu vejo é cinza, é escuro, é morto. Cada vez que escuto um elogio, penso 'Só pode ser uma piada de mau gosto'. Eu só queria ser capaz de parar de ser assim. Sinto vergonha de quem eu sou, da minha voz, do meu corpo, do meu rosto. Sinto vergonha por estar escrevendo isso. Sinto vergonha de pedir ajuda. Me privei de viver, de amar e de ser amada."

CAPÍTULO 2

UM CAMINHO PERIGOSO

Nada do que minha mãe disse que ia acontecer se realizou. Os meses e as menstruações foram se passando, mas o tal corpo bonito que eu esperava não apareceu. A cintura ainda não era marcada, a bunda continuava quadrada, o rosto, redondo – um corpo que, para mim, era todo estranho e desproporcional. Para completar, vieram as espinhas, a TPM, as cólicas. Minha mãe só tinha razão em uma coisa: os peitos cresceram. Eu obviamente odiei, porque com eles parecia mais gorda ainda.

Na adolescência, o corpo está em transformação e realmente fica meio esquisito. Mas quem vive essa fase, com os hormônios a mil, não sabe que ela vai passar, que o corpo vai mudar, que não vai ser daquele jeito para o resto da vida.

Não bastassem as crises normais da adolescência, eu não conseguia enxergar nada de bonito em mim. Eu não conseguia emagrecer, porque passava dias restringindo minha alimentação de forma absurda e depois comia exageradamente.

Eu senti que precisava fazer alguma coisa para resolver isso.

Medidas extremas

Situações extremas pedem medidas extremas. Como as dietas que eu me impunha não estavam funcionando, decidi fazer algo mais radical. Aos

14 anos, comecei a tomar remédios para emagrecer escondido. A caixa do remédio tinha uma tarja preta e trazia o seguinte aviso: "O uso deste medicamento pode causar dependência." Mas eu pensava: *Bom, se me deixar magra, não tem problema. Prefiro ser viciada em remédio a ser gorda.*

Comecei tomando um comprimido de anfetamina* a cada dois ou três dias. As primeiras vezes que tomei não senti nada de fome. *Que beleza!* Mas dava uma sede do cão e eu bebia água o dia inteiro. Agora aguentava passar o dia com uma maçã e água. Descobri um mundo em que eu não precisava fazer sacrifício para emagrecer. Era só tomar um remédio e pronto! Minha fome, milagrosamente, desaparecia. Eram os primeiros passos em um caminho perigoso e de muito sofrimento, mas na época eu não sabia. E confesso que, se alguém tivesse me avisado, eu não teria escutado.

Aquilo estava funcionando tão bem que resolvi aumentar a dose: passei a tomar uma cápsula por dia. Em pouco tempo, fiquei magrinha pela primeira vez. Veja bem: certamente eu não era tão gorda quanto me considerava, mas aquela foi a primeira vez que olhei no espelho e me *senti bonita*. E até um pouco atraente.

E aí aconteceu algo muito marcante. Eu estava andando na rua, passando por um prédio em construção bem pertinho de casa, e de repente ouvi um pedreiro gritar: "GOSTOSA!" Eu nunca tinha ouvido aquilo sobre mim. Hoje sei que o que aquele homem fez é assédio, é horrível, ainda mais quando direcionado a uma menina de 14 anos, mas naquele dia fiquei tão feliz, mas tão feliz, que olhei para ele e gritei: "Obrigada, moço!" Aquele foi o elogio mais legal que eu já tinha ouvido, porque nunca havia passado pela minha cabeça que alguém pudesse olhar para mim e ver algo agradável. Fora minha mãe e meu pai (cuja opinião sobre esse assunto nunca é isenta), jamais alguém havia me dito que eu era bonita. Muito menos gostosa!

---

* As anfetaminas foram proibidas no Brasil em 2011. Até essa data, elas podiam ser compradas sem dificuldades. Em 2017, o governo liberou a venda novamente, embora contra a orientação da Anvisa.

Mais magra e com a autoestima turbinada pela análise profunda e científica do pedreiro, comecei a sair, me arrumar e ir a festinhas. Meu pai só me deixava sair se meu irmão mais velho, Carlos, fosse junto, mas, às vezes (muitas vezes), eu mentia: dizia que ia dormir na casa de uma amiga e ia para a balada.

Na balada

Por causa da vergonha que eu tinha do meu corpo, fui a última no meu grupo de amigas a dar o primeiro beijo e a namorar. Eu amava dançar e sair com a minha turma para me divertir, mas me sentia muito inadequada nessas situações. Quase todas as meninas que frequentavam os mesmos lugares que eu eram lindas e magras. Eu já tinha perdido peso na época, mas ainda não era como elas, ainda não era magra o bastante. Nunca fui.

O Rio Grande do Sul, como muita gente sabe, é o maior exportador de modelos do mundo. Então era inevitável que eu me comparasse a essas meninas – ainda mais em plena adolescência. Muitas garotas usavam minissaia e barriga de fora, o que era impensável para mim. Eu morria cada vez que via uma guria vestida desse jeito.

Depois de um tempo, uma cápsula de anfetamina por dia passou a não fazer mais efeito e acabei engordando. Minha mãe via o tamanho do meu sofrimento e acreditava que um médico poderia me ajudar. Assim, quando fiz 16 anos, ela me levou a um endocrinologista. Ele me receitou outro tipo de inibidor de apetite, que tomei durante dois anos. Mas eu achava que o remédio não estava funcionando, queria secar, ficar só pele e ossos, então resolvi voltar para as anfetaminas. E aumentei a dose.

Com 19 anos, eu tomava duas cápsulas por dia. Nas épocas de crise, em que não aguentava de fome e estava me sentindo muito gorda, chegava a tomar três. Fiz isso por vários meses e cheguei ao menor peso da minha vida: 57 quilos.

Sabe aquele aviso que eu ignorei, que diz que esse tipo de medicamento pode causar dependência? Pois é, descobri que era bem verdadeiro. Eu não conseguia mais dormir, não era capaz de me concentrar para estudar ou trabalhar e meu coração estava o tempo todo disparado. Eu transpirava, às vezes tremia. Percebi que precisava parar com aquilo. Porém eu não sabia mais viver sem os remédios. Então, mesmo sabendo que estavam me fazendo mal, continuei me envenenando durante um bom tempo.

Decisões e novos caminhos

Para ajudar nas despesas de casa, aos 14 anos eu havia começado a trabalhar como vendedora na loja de malhas da minha mãe e passei a ir à escola no período da noite. Quando me formei no colégio, aos 17, não sabia que faculdade queria cursar. Meio perdida, escolhi prestar vestibular para Direito na Universidade de Caxias do Sul. Passei, fiz um semestre, mas não gostei. Transferi para Moda e Estilo, pensando na malharia da minha mãe. Mas também não estava feliz com o curso.

Nesse meio-tempo, participei de vários concursos para ajudar a divulgar a minha cidade e também a cultura italiana. Fui eleita Rainha da Indústria e Comércio de Farroupilha, da Festa Nacional do Kiwi e do Encontro das Tradições Italianas, além de ter sido coroada Soberana de Farroupilha.

Como rainha de todos esses eventos, eu costumava ir às rádios da cidade e da região para dar entrevistas e promover os eventos. Certo dia, em um desses programas, o dono da rádio disse que eu falava muito bem, que tinha jeito para trabalhar na rádio e me convidou para apresentar um programa aos domingos. Era uma estação apenas de Farroupilha, cuja sede ficava na esquina da minha casa.

Nesse período, não bastasse a indecisão sobre minha vida profissional, cismei que precisava ter um namorado. Já estava com quase 18 anos e todas as minhas amigas namoravam, menos eu. Engatei, então, meu primeiro namorinho com um rapaz de Caxias do Sul que conheci na balada. Eu não gostava muito dele, ele criticava muito o meu corpo, só me deixava usar roupas que ele indicava para eu "parecer mais magra". É claro que o namoro não durou muito.

Aos 19 anos, entusiasmada com meu programa na rádio e com minha facilidade para falar em público, comecei a faculdade de Jornalismo na Universidade de Caxias do Sul. O dinheiro que eu ganhava na rádio e na loja da minha mãe não era suficiente para pagar a faculdade, então, para ganhar mais, larguei os dois empregos para ser secretária do prefeito, e lá fiquei por dois anos.

Foi um período bastante difícil. Eram muitas preocupações. Havia coisa demais para estudar, precisava trabalhar para pagar a mensalidade, eu vivia cansada e ansiosa, com medo do futuro, pensando se iria conseguir um emprego na minha área e se seria uma boa jornalista.

Minha relação com a comida era cada vez mais carregada de culpa. Nessa época comecei meu primeiro namoro sério, com um rapaz da minha cidade. Ficamos juntos por quase oito anos, mas brigávamos muito. A minha relação doentia com meu corpo e a minha baixa autoestima não me permitiam ter paz nessa relação.

A ansiedade e a insegurança que eu sentia na época me faziam comer demais, e eu, que nunca me senti magra o suficiente e odiava meu corpo, dei um passo além e encontrei outro caminho além dos remédios.

Cicatrizes e dívidas

Já fazia algum tempo que eu tinha enfiado na cabeça que, se fizesse uma lipoaspiração e colocasse prótese de silicone nos seios, todos os problemas da minha vida estariam resolvidos. Meus seios tinham crescido um pouco, mas eu os achava feios e flácidos. *Com seios durinhos e empinados e a cintura mais fina, vou parecer mais magra e finalmente vou ser feliz!* Só que eu não tinha dinheiro para pagar a cirurgia.

Meu namorado, que era médico, conseguiu que um colega cirurgião plástico fizesse o procedimento quase de graça. Eu só teria que pagar o anestesista, o hospital e as próteses. Fiquei eufórica. Mas sem dinheiro para pagar nem isso, decidi pegar um empréstimo no banco. Com o emprego na Prefeitura, pensei que seria fácil pagar em suaves prestações a perder de vista.

É óbvio que não aconteceu nada do que imaginei depois da operação.

Eu tinha 20 anos, estava bem magra, com um corpo lindo, mas não enxergava isso. Continuava me sentindo gorda e infeliz com meu corpo. E agora, além de tudo isso, eu tinha cicatrizes e dívidas.

Dois anos depois, resolvi fazer uma segunda lipoaspiração. *Agora, sim, as coisas vão melhorar.* Eu tinha acabado de pagar o empréstimo da primeira operação, a situação financeira da minha família estava muito difícil e eu só conseguia continuar na faculdade porque havia pedido um crédito educativo. Mas o desespero para ter um corpo perfeito era tão grande que nada disso importava, e fiz outro empréstimo no banco.

Minha mãe ficou muito preocupada quando soube. Ela me avisou dos riscos de outra cirurgia, da anestesia geral, fez de tudo para me convencer a não operar, mas, claro, uma mente doente não escuta ninguém, e a minha, muito doente naquela época, pensava: *Prefiro morrer a ser gorda.*

Tinha certeza de que, depois daquela segunda lipoaspiração, meu corpo seria totalmente reformado e eu ficaria em paz.

Óbvio que, mais uma vez, isso não aconteceu.

Beco sem saída

Todos diziam que eu estava magra e linda, mas eu ainda não me sentia bem. Na minha cabeça, eu continuava gorda, mesmo depois das duas cirurgias e pesando 60 quilos. Mantive os remédios para emagrecer e continuei seriamente viciada neles.

Como não conseguia mais perder peso, resolvi olhar para minha alimentação. Eu não me alimentava bem: ou não comia quase nada ou comia muita fritura, macarrão e pão. Todos os dias, antes da aula ou nos intervalos da faculdade, eu comia folheado de frango. Salada, verduras, legumes e frutas não faziam parte do meu cardápio. Eu pensava que não valia a pena "gastar calorias" com salada e frutas. Se era para comer as "calorias permitidas", que fosse algo muito gostoso. Hoje sei que essa é uma mentalidade de quem é aprisionada pela alimentação, mas aos 20 anos eu não sabia disso. Com esses péssimos hábitos, claro que os remédios não faziam efeito, e comecei a engordar.

Achei que encontraria a solução nas atividades físicas. Passei a fazer duas horas de ginástica por dia. Eu corria, fazia aulas de dança, step e musculação. Ainda obcecada pela magreza, sonhava em ver meus ossos aparentes, em senti-los sob a pele. Cheguei a pesquisar na internet técnicas para não comer e encontrei as mais diversas barbaridades. Li em um blog que, toda vez que sentisse fome, deveria colocar a cabeça perto da lata de lixo – assim eu sentiria nojo e acabaria não comendo. Mas nada adiantou, porque não conseguia controlar minha vontade de comer. Esta é a principal diferença entre o meu transtorno e a anorexia: o anoréxico tem total controle de si mesmo e é capaz de suportar doses mínimas de alimento. Eu *queria* não comer, *tentava* não comer, mas não conseguia fazer isso por muito tempo. Como não era capaz de ficar sem comer por mais de um dia, passei a compensar o que eu comia exagerando nos exercícios e tomando diuréticos e laxantes com frequência. Eu achava tudo isso normal. Até que o excesso de atividades físicas lesionou de tal forma meu joelho que fui obrigada a interromper os exercícios.

Eu me sentia num beco sem saída. Queria emagrecer, mas queria comer. Queria fazer ginástica, mas meu joelho doía. Tomava remédios que não faziam mais efeito, mas estava viciada neles e não sabia como parar – além de ter medo de parar de repente e engordar muito.

Não tinha mais vontade de sair, de passear com minhas amigas, de ver meu namorado. Passava os dias em casa me sentindo mal e chorando. Não via mais sentido em nada, me achava um fracasso. Queria morrer. Logo eu, que sempre fui tão alegre. Eu achava que meu único sofrimento estava relacionado ao meu corpo e à comida. Só que agora a vida toda estava sem brilho e eu, sem vontade de viver. Ah, se tivesse levado a sério aquele aviso escrito na tarja preta...

Percebi que precisava de ajuda de verdade e resolvi ir ao médico. Fui logo a um psiquiatra. Ao final da consulta, ele me informou que eu estava com depressão. Respondi, inconformada: "O senhor está louco? Eu? Com depressão?! Depressão é doença de rico! Eu não tenho dinheiro para essas coisas."

Mas era depressão sim. E o médico disse que acreditava ter sido causada pelo excesso de remédios para emagrecer. Ainda pagando o empréstimo da segunda lipoaspiração, claro que eu não tinha dinheiro para pagar terapia.

Naquele dia da consulta, enquanto voltava para casa, comecei a pensar em tudo o que já tinha feito para ter o corpo com o qual tanto sonhava. *Daiana, o que você está fazendo da sua vida? Valeu a pena tomar tanto remédio se, mesmo com 57 quilos, você nunca se sentiu magra o suficiente? Valeu a pena ter feito lipoaspiração duas vezes e ter se endividado? Valeu a pena ficar viciada em remédios? Valeu a pena fazer tudo isso para agora estar com depressão?*

Hoje posso afirmar que a resposta a todas essas perguntas é não. Não há absolutamente nada de bom nesse caminho e ele nunca vai levar ninguém a um final feliz. Mas, naquela época, eu não conseguia enxergar isso. Continuava me sentindo miserável. Mas hoje sei que, mesmo que pesasse 40 quilos, eu não ia achar bom. Nunca esteve bom para mim.

O médico me proibiu de tomar controladores de apetite e me receitou antidepressivos. Em seis meses, já estava me sentindo melhor, mas o problema real – que naquela época eu desconhecia – ainda estava lá. Sem poder tomar remédios para emagrecer e tomando remédio para depressão, engordei uns 5 quilos. E, pela primeira vez desde os 14 anos, tive que enfrentar minha fome. E isso foi extremamente difícil.

Depois de tantos anos de medicamentos, eu perdera totalmente a capacidade de identificar os sinais do meu corpo, como fome, sede, vontade de comer e saciedade. Controlar a voracidade do meu apetite, sempre domada por remédios fortes, foi muito mais complicado do que eu podia imaginar.

E foi então que minha relação com a comida, que já era péssima, virou um caos.

ANA, 24 ANOS

"Eu não consigo mais me relacionar sexualmente, tenho vergonha de sair de casa, nunca fui à praia, nunca experimentei um biquíni, odeio tirar fotos, odeio claridade, odeio espelho, odeio todas as partes do meu corpo. Aos 12 anos, cansei e decidi mudar, decidi ser magra como as modelos de capa de revista. Eu só não queria mais passar vergonha ao lado de outras meninas. Simplesmente parei de comer e desenvolvi anorexia. Não me alimentava, desmaiava, ficava tonta e tinha apagões frequentes.

Meses depois de já estar visivelmente muito magra, fui arrastada pela minha mãe ao clínico geral com a justificativa de que eu 'estava com frescura para comer'. Durmo e sonho sempre com um corpo sem estrias, sem imperfeições, e acordo todos os dias pensando em como eu queria ser feliz, como eu queria ser diferente, como eu queria poder usar um biquíni, viajar e aproveitar a vida como fazem todos os meus amigos."

CAPÍTULO 3

SEM MEDIDA E SEM REMÉDIO

Eu tinha a impressão de que as pessoas magras eram mais felizes e plenas pelo simples fato de não precisarem se preocupar com o que comem. Queria que minhas refeições fossem um momento sem preocupação, sem ansiedade, um instante de paz, não de sofrimento.

Ao despertar, meu primeiro pensamento era: O que eu vou comer? E o segundo: Não! Eu não posso comer porque vou engordar. Cada vez mais fragilizada, eu sentia um medo terrível e inexplicável da comida, mas mesmo assim não conseguia me controlar diante dela. Comigo era extrema restrição ou exagero, não havia meio-termo. Ou fazia dieta restritiva ou comia sem nenhum controle. E, quando comia, o pavor de engordar me consumia, fazendo com que eu me sentisse imensamente frustrada. E nessa época, sem os remédios para controlar o apetite, essa situação estava ainda mais complicada.

A comida controlava minha vida, meus pensamentos, minhas ações. Sempre que eu engordava ficava com vergonha das pessoas, cancelava compromissos, mentia que estava doente para não ir trabalhar ou comparecer a festas. Também já fingi que tinha ido viajar para escapar de um compromisso e não aparecer gorda na frente dos outros.

Não era só pela forma do meu corpo. É que junto com a "gordura" vinha um sentimento de fracasso, de inferioridade. Como se só os magros conseguissem controlar o que comem, e isso fizesse deles pessoas mais capazes e felizes.

Sucesso profissional

Dos 23 aos 26 anos, muita coisa mudou na minha vida. Enquanto minha relação com a comida piorava, minha vida profissional decolava com uma rapidez incrível. Ainda na faculdade de Jornalismo, recebi um convite para trabalhar em outra estação de rádio da minha cidade, a Miriam de Farroupilha. Deixei o emprego na Prefeitura e fiquei um ano na rádio. Foi um período muito bom e guardo ótimas lembranças de todos com quem trabalhei.

Um ano antes de me formar, comecei minha carreira no jornalismo de televisão. Trabalhei dois anos como repórter na TV Educativa da Universidade de Caxias do Sul. Em janeiro de 2008, aos 26 anos, fui contratada pela RBS TV de Caxias do Sul, uma emissora local afiliada da Rede Globo. Em outubro desse mesmo ano, o que parecia um sonho se tornou realidade: fui convidada para trabalhar na TV Globo em São Paulo.

Minha vida profissional ia de vento em popa e eu me sentia muito realizada. A guria de Farroupilha tinha chegado mais longe do que sempre sonhou. Meu salário, na época, quadruplicou!

Sabe como comemorei toda essa alegria? Do único jeito que eu sabia lidar com meus sentimentos: comendo, comendo, comendo...

Em São Paulo, dividi o aluguel de um apartamento com duas amigas e, no meu primeiro ano na cidade, comi muito. Foi a fase da minha vida em que mais comi. Fiquei louca por restaurante japonês, uma culinária que nunca havia experimentado, porque não havia em Farroupilha. Eu me empanturrava nos rodízios. Comia até a barriga doer de tão cheia, comia até ficar *sdjonfa*! Comia a alegria de ter conquistado o emprego dos sonhos e também a ansiedade e o medo que isso gerava em mim.

Eu agora trabalhava ao lado dos maiores jornalistas do Brasil, dos profissionais cuja trajetória eu tinha estudado na faculdade, dos meus ídolos. Queria ser boa repórter como eles, ter o texto perfeito como o deles, queria tudo logo, rápido. Comecei a me cobrar sobre os próximos passos: *Será que um dia farei uma grande cobertura? Será que vou ser correspondente internacional? Quem sabe apresentadora?*

Então comia para anestesiar a insegurança dos primeiros meses no emprego e na cidade nova, comia para aplacar a solidão e a saudade de casa, porque era a primeira vez que morava longe da minha família, em uma cidade tão grande. E também para amenizar a ansiedade e o medo do futuro.

Existe uma expressão americana, "freshman 15", para explicar o ganho de peso dos estudantes do primeiro ano da faculdade. Freshman é calouro em inglês e 15 tem relação com as 15 libras que eles costumam engordar, o que corresponde a cerca de 7 a 8 quilos. Acho que foi isso que aconteceu comigo. O meu freshman 15 foi aos 26 anos. Aquela mudança radical na minha vida, apesar de ter me deixado muito feliz, gerava uma grande insegurança e até angústia.

E quando estou insegura, eu como. Feliz, eu como. Triste, eu como. Ansiosa, eu como. Em todas as situações, eu como. E assim segui comendo, sem medida e sem remédio para emagrecer. Claro que engordei. Em 2009 cheguei aos 70 quilos. Hoje sei que esse peso, considerando a minha altura, é perfeitamente normal. Mas, na época, me senti péssima. Minhas roupas ficaram justas e tive que comprar calças e camisas de tamanhos maiores. Passei a usar um sutiã que apertava os seios para parecer mais magra.

Minha luta contra o espelho se acirrava enquanto minha carreira deslanchava. No meu primeiro ano na TV Globo, participei de coberturas importantes e entrava ao vivo nos telejornais todos os dias. Falar ao vivo sempre foi o que mais gostei de fazer. Sabia que era uma boa profissional e isso me deixava confiante. Para disfarçar meu corpo no vídeo, porém, eu precisava recorrer a alguns truques.

Primeiro, só usava roupas escuras e camisas de mangas compridas, mesmo no calor. Em pouquíssimas ocasiões usei roupas claras ou camisas de mangas curtas. Acho que só apareci com os braços de fora umas três ou quatro vezes em oito anos de televisão. Eu implorava para que os cinegrafistas fizessem enquadramentos que me deixassem mais magra.

Aliás, como a TV "engorda", esse é um artifício usado por quase todas as repórteres.

Além disso, usava sempre o cabelo solto e truques de maquiagem para afinar o rosto. Quando precisava prender o cabelo por causa do vento ou por algum outro motivo, era uma tortura, pois me sentia muito exposta. Achava meu rosto muito redondo. Então com o cabelo solto eu me sentia mais protegida, mais escondida. Pode parecer loucura, mas sempre tive a impressão de que com o cabelo solto eu parecia mais magra.

Quando não tinha certeza de que a filmagem tinha ficado como eu queria, pedia para ver antes de mandarem para a edição, e, se me achasse muito gorda, gravava novamente quantas vezes fossem necessárias até achar um enquadramento que escondesse o máximo possível do meu corpo. Detestava aparecer na TV de corpo inteiro e evitava isso a todo custo.

Por mais que amasse meu trabalho, diversas vezes pensei em desistir de ser repórter de televisão por causa do meu problema de autoimagem. Era muito difícil me ver no vídeo. Por outro lado, eu queria ser uma boa jornalista e me esforçava para não deixar que meu sofrimento atrapalhasse minha carreira. Eu sabia que não poderia deixar a situação chegar a esse ponto.

Até porque, para mim, uma jornalista e repórter de TV devia ter profissionalismo, talento, ética, comprometimento, bom texto, excelente apuração dos fatos, boa voz, dicção perfeita, segurança e naturalidade para falar ao vivo. O corpo em forma, eu acreditava, não estava nessa lista. Só que eu estava enganada. Logo descobri que o cruel padrão de beleza que eu me impunha não era só coisa da minha cabeça.

Cruel padrão de beleza

No fim de 2009, ao completar um ano no emprego novo, minha chefe me chamou na sala dela. Foi a primeira vez que fui chamada. *Será que errei em alguma informação ao vivo? Será que falei algo que não devia? Meu texto estava ruim? Ou foi minha dicção?* No caminho para a sala fui pensando qual seria o motivo da conversa.

Entrei e logo fui informada de que aquela reunião era para uma avaliação de desempenho. Minha chefe elogiou muito meu trabalho, disse que eu era uma ótima repórter, o que me deixou muito satisfeita. Então ela disse a frase que jamais vou esquecer: "Daiana, você é uma excelente profissional, tem uma carreira brilhante pela frente, mas precisa fazer as pazes com a balança. Você sabe como é, TV engorda... eu sei que isso é delicado, mas nós percebemos que você engordou este ano."

Fiquei arrasada. Jamais pensei que me pediriam para emagrecer.

Mantive uma expressão séria, firme, fiz a maior força do mundo para não chorar na frente dela e saí da sala. Por sorte, estava no fim do meu expediente, então peguei minhas coisas e fui direto para o estacionamento da empresa. Entrei no carro e desabei. Chorei até chegar em casa e depois chorei até dormir.

Apesar de viver em crise com o meu corpo, aquela exigência vinda de cima foi profundamente chocante. Uma jornalista não precisa ser magra para ser competente. Um profissional tem que ser avaliado pelo seu trabalho e não por seu peso ou por suas medidas.

Além de me deixar indignada, ouvir aquilo foi muito doloroso. Escutar que eu precisava emagrecer tornou reais todos os meus medos e sentimentos de fracasso. Eu era mesmo muito gorda. Não era só eu que achava.

Antes desse dia, eu me sentia um desastre no nível pessoal, mas acreditava que pelo menos profissionalmente era bem-sucedida. A partir dali, no entanto, passei a me sentir um fracasso total. E agora tinha praticamente um atestado de que estivera certa sobre o meu corpo o tempo todo. Aquela reunião oficializou que, para a empresa em que eu trabalhava, meu corpo era inapropriado. Todas as qualidades profissionais que sempre tive não bastavam. Eu precisava corresponder a um padrão de beleza para ser considerada uma boa jornalista.

Essa época foi um pesadelo. Parecia não ter sobrado nada de bom na minha vida. Os fantasmas da minha mente agora habitavam o mundo real e me assombravam dia e noite.

Chorei por vários dias e refleti muito sobre o que fazer. Pensei em pedir demissão, mas não podia – nem queria – desistir da minha carreira assim. Além disso, precisava pagar o aluguel, a prestação do carro, as contas... Eu não teria como me manter em São Paulo sem aquele emprego. E se eu demorasse para achar outro trabalho? Pensei, pensei, pensei muito, e decidi: vou emagrecer. E rápido.

Voltei a tomar remédios. Experimentei de tudo. Fórmulas para tirar a fome, calmantes, diuréticos, laxantes, soníferos (afinal, com tanto medicamento misturado ficava impossível pregar o olho, e eu acordava às 4 da manhã para trabalhar). Tentei também aquele que reduz a absorção da gordura dos alimentos e que produz efeitos colaterais constrangedores, como diarreia, incontinência fecal e flatulência. Qualquer remédio para emagrecer que lançavam eu tomava. E fiz diversos tratamentos estéticos para reduzir medidas e perder peso, todos caros e praticamente ineficazes ou com efeitos que duravam muito pouco.

E assim foram mais três anos castigando meu corpo. Sabe quanto eu emagreci? Nada. Zero. Hoje posso dizer que nem os remédios nem os tratamentos adiantaram para aplacar minha angústia, porque o corpo que eu queria ter era impossível para mim.

Depois de um tempo, surgiu a oportunidade de fazer um teste para ser a apresentadora da previsão do tempo no jornal local. Entrei no estúdio, fiz o teste e, quando saí, perguntei para a minha chefe da época se tinha ido bem. Ela respondeu, sem cerimônia: "Sim, mas precisa emagrecer mais." Claro que não passei no teste. Nova pancada na minha autoconfiança.

E não parou por aí: em mais duas ocasiões ouvi que eu deveria perder peso. Quando me dei conta de que já tinha ouvido quatro vezes, de quatro chefes diferentes, que eu era boa profissional, mas que precisava emagrecer, fiquei completamente desiludida com minha carreira e com a profissão de jornalista de TV.

Vício em comida

Com meus chefes me pressionando por causa da minha aparência, fiquei ainda mais ansiosa, insegura e com medo ainda de engordar. Só que esses sentimentos me faziam comer cada vez mais, mesmo tomando os remédios. Em 2011, com 29 anos, cheguei ao maior peso da minha vida: 72 quilos.

Minha autoestima se deteriorava e minha relação com a comida se tornava cada vez mais doentia. Eu pensava em comer 24 horas por dia, chegava a sonhar que estava comendo. Por outro lado, ficava em pânico a cada refeição. Em restaurantes, ficava agoniada quando a comida demorava para chegar, e aqueles minutos entre o garçom dizer boa-noite, entregar o cardápio e colocar o couvert na mesa pareciam uma eternidade. Quando os garçons passavam com pratos de comida de outras pessoas, eu esticava o pescoço para olhar e ficava com água na boca.

Esses sentimentos são típicos do transtorno alimentar. É algo tão intenso que ouso comparar meu sofrimento diante da comida com o sofrimento de alcoólicos e dependentes químicos diante do álcool ou da droga. Era incontrolável. A vontade me dominava por completo. Muitas vezes, eu já estava deitada, tentando dormir, mas só pensava em comer. Certa noite, levantei da cama, fui até a gaveta em que havia um chocolate, abri a barra, olhei para ela, fiz um esforço sobre-humano para me controlar e a guardei. Não comi e voltei para a cama. Minutos depois, levantei de novo, fui até a gaveta, peguei o chocolate, pensei: *Eu quero tanto, mas não posso!* E não comi. Apenas aproximei a barra do meu nariz, senti aquele cheiro maravilhoso, guardei-a e voltei para a cama. Tentei dormir, troquei de lado várias vezes, me forcei a pensar em outra coisa... mas foi mais forte que eu. Não aguentei. Como uma viciada, pela terceira vez levantei da cama e fui até a gaveta, só que dessa vez devorei o chocolate. Era uma barrinha pequena, foi maravilhoso! Mas com a satisfação veio o gosto amargo da culpa. Adormeci me sentindo a pessoa mais fraca do mundo.

CLAUDIA, 38 ANOS

"Eu estou doente... muito doente. Tenho compulsão alimentar. Tenho 38 anos, 112 quilos distribuídos em 1,64 metro e tenho embates com a balança desde os 14 anos, ocasião em que procurei, pela primeira vez, um endocrinologista e comecei a tomar anfetaminas.

Desde então, vivo no fundo do poço. É como se eu estivesse em queda livre e essa queda não chegasse nunca ao fim. Já emagreci 20 quilos, mas voltei a engordar 30. Emagreci 30, mas engordei 40. Estou em total desespero. Meus dias tornaram-se noite. Sinto como se meu sol tivesse escondido o seu brilho e trazido a escuridão mais densa para dentro de mim. Minha rotina transformou-se meramente em dormir e acordar. Não há mais prazer em nada, tudo se perdeu. Emagrecer é o que me movimenta desde a hora em que acordo até o momento em que me deito. 'Quando' eu emagrecer, serei feliz. Faz anos que tenho condicionado minha vida a 'estar magra'. Meus perfumes só serão tirados da caixa quando eu estiver magra. Minha coleção de lingeries apenas será tirada do armário no momento em que eu emagrecer.

Sou tão louca que chego a comer escondido. Mas não é comer um doce ou uma massa. É comer o que está à minha frente. Certa vez, comi um prato enorme de arroz e feijão e, em seguida, comi 12 pãezinhos com manteiga. Já escondi comida no meu guarda-roupa para ninguém ver. Procuro não ir a locais em que as pessoas me conheceram magra. No trabalho, evito sair da sala porque acho que as pessoas vão dizer 'Olha como ela engordou'. Sinto-me extremamente derrotada e desnecessária."

CAPÍTULO 4

O TERROR DOS RELACIONAMENTOS

A primeira vez que pensei em escrever um capítulo sobre relaciona-mentos, achei melhor omitir o que vou contar agora, porque é um assunto muito delicado, que de certa forma me envergonha. Mas voltei atrás e decidi compartilhar, porque, além de ser relevante para a minha história, sei que muitas mulheres passam por situações semelhantes.

Sempre tive pavor da ideia de um homem me ver sem roupa. Eu não me sentia à vontade nua nem sozinha. Tomava banho sem olhar para o meu corpo direito e me vestia o mais rápido possível. Só tinha cora-gem de encarar meu reflexo no espelho quando estava totalmente ves-tida. Acho que por isso o início da minha vida sexual foi tão traumático.

A minha primeira vez foi horrível. Eu sonhava com algo mágico, lindo, e foi exatamente o contrário. Não foi romântico, não foi nada daquilo com que eu havia sonhado. Lembro de sentir vergonha e medo. Levei mui-tos anos para entender por que as pessoas dizem que sexo é uma coisa boa, que proporciona prazer. Demorei muito para me sentir à vontade sem roupa na frente de um homem porque, para mim, aquilo não tinha nada de prazeroso.

Essa experiência ruim, aliada aos meus problemas de autoimagem, trouxe uma grande dificuldade para os meus relacionamentos afetivos. Hoje eu sei que não estou sozinha. Já recebi centenas de mensagens de mulheres que não conseguem ter paz e prazer nas relações amorosas porque sentem vergonha do corpo ou porque os parceiros exigem que emagreçam ou criticam a aparência delas o tempo todo. Mulheres que têm problemas com o corpo e têm baixa autoestima podem se tornar vítimas de relacionamentos emocionalmente abusivos, muitas vezes sem perceber.

Para um relacionamento ser abusivo, não precisa existir agressão física ou sexual. Qualquer pessoa – um namorado, uma namorada, o marido, a esposa, um amigo ou o chefe – pode machucar você duramente apenas com palavras. Quando isso acontece entre parceiros, os efeitos parecem ser ainda mais dolorosos, e é comum que uma pessoa diminua tanto o amor-próprio da outra a ponto de fazê-la acreditar que não tem valor nenhum.

A tática de deixar uma mulher insegura em relação à sua aparência e à sua capacidade intelectual é muito poderosa e uma ferramenta de controle eficaz. Uma mulher emocionalmente insegura se torna frágil, isolada, fácil de manipular e de garantir que, mesmo maltratada, vai permanecer na relação porque não consegue reagir e seguir em frente. Ela fica com a autoestima tão destruída que tem medo de que nenhum outro homem se interesse por ela. Assim, se torna ao mesmo tempo prisioneira e dependente do agressor.

Hoje sei que essa estratégia foi usada comigo. Por isso deixo aqui um alerta: cuidado! Não permita que ninguém faça isso com você. Diminuir o valor de alguém não faz parte de um relacionamento saudável. Isso não é amor. Se você vive uma situação parecida, tenha coragem e dê um basta. Nada de bom pode resultar de uma relação assim.

Ouvir de alguém que supostamente a ama que você é gorda, burra ou feia é muito doloroso. Declarações como "Você não vai à praia comigo com este corpo!", "Não tenho mais vontade de fazer amor porque seu corpo não é o mesmo do início do namoro", "Nem adianta sonhar em ser promovida, porque você não é competente" ou "Você deveria agradecer por eu estar ao seu lado, pois nenhum outro homem conseguiria te aguentar" podem agravar sua depressão, sua ansiedade ou seus transtornos alimentares. E são provas de que você está sofrendo abuso psicológico.

Esse tipo de comportamento diz mais sobre o agressor do que sobre a vítima. Em geral, a pessoa que profere palavras violentas como essas tem um problema sério de autoestima. Ela tenta a todo custo rebaixar quem está ao seu lado para colocá-lo "no mesmo nível" e não se sentir tão inferior. É uma forma cruel de exercer controle.

Nunca permita que façam isso com você. Quem ama coloca o parceiro para cima, quer vê-lo crescer, brilhar. Quem ama deve elogiar, dar coragem, ressaltar suas qualidades e conversar sobre seus erros, deve oferecer apoio e carinho nos momentos de dificuldade.

Não estou sugerindo que você fique esperando pelo príncipe encantado. Isso não existe. Mas a pessoa que merece fazer parte da sua vida é aquela com quem você vai se sentir em paz, feliz, acolhida e segura. Ela deve fazer você saber que é amada, respeitada e valorizada como ser humano, e nada disso tem relação com o formato do seu corpo. Essa pessoa deve amar você do jeito que você é.

E eu tive a sorte de encontrar alguém assim.

Um anjo em minha vida

Durante os anos de 2009 e 2010, o jornalismo esportivo na emissora em que eu trabalhava passou por uma verdadeira revolução. A maneira tradicional de informar os acontecimentos do esporte foi totalmente modificada por atitudes inovadoras, despojadas e criativas de um jovem jornalista chamado Tiago Leifert, que influenciou completamente o modo como o canal passou a trabalhar. Eu tinha uma grande admiração profissional por ele.

Um dia, resolvi mandar um e-mail parabenizando-o por tudo o que havia feito, pelos prêmios que tinha ganhado e pelo reconhecimento recebido. Ele me respondeu na mesma hora com um e-mail que começava de uma maneira muito engraçada: "Daiana Garbin, você sabe que eu existo?!!" Então respondi perguntando por que ele dissera aquilo e ele respondeu que "me achava tão linda que nunca teria coragem de vir falar comigo". E eu respondi. E ele respondeu. E eu respondi. E ele respondeu... Ficamos meses trocando e-mails, sem nunca nos encontrarmos pessoalmente. Só havíamos cruzado pelos corredores da emissora, acenando de longe e sorrindo. E isso já me deixava de bochechas vermelhas.

Eu fui me apaixonando por aquele cara das mensagens. E percebemos que já gostávamos um do outro sem nunca termos nos encontrado de fato. Finalmente, ele me escreveu: "Acho que a gente precisa se ver." Concordei, é claro. Combinamos um jantar na minha casa, e, desde então, nunca mais nos separamos. Foi tudo muito especial. Um ano depois, ele me pediu em casamento. E, em 17 de novembro de 2012, casamos.

O relacionamento com ele é diferente de todos os que eu já tive. Para começar, é saudável. Além de ser carinhoso e educado, ele me trata como se eu fosse a pessoa mais importante na sua vida. Não é questão de fazer eu me sentir *bonita*, mas *especial*. Ele quer me ver feliz, me coloca para cima e fica alegre quando me vê bem.

Nunca precisei falar dos meus problemas para ele. Não foi necessário: ele percebeu. Ele entendeu em silêncio. E me ajudou e me apoiou em todos os momentos. O jeito sincero como ele me olha quando diz que sou inteligente, corajosa, esperta, rápida, capaz, boa repórter e a maneira como ele me admira por outras qualidades que não a beleza me fazem acreditar em mim mesma.

O vestido branco

Quando o Tiago me pediu em casamento, eu tinha 29 anos, pesava 72 quilos e me sentia péssima. Por isso, não foi fácil me convencer a realizar um casamento tradicional, com cerimônia e festa, porque significava que eu teria de usar um vestido de noiva. Na minha cabeça, usar um vestido branco na frente de todo mundo era um pesadelo.

Eu só conseguia me lembrar daquele collant azul da apresentação de balé quando tinha 5 anos. Não era capaz de pensar na felicidade da data, nos amigos e familiares celebrando comigo aquela ocasião tão especial, no dia que seria um marco na minha vida e na do meu noivo. Tinha tanta vergonha do meu corpo que não queria fazer festa de casamento por medo de as pessoas me olharem e pensarem: "Puxa, que noiva gorda! Parece o bolo!", "Nossa, por que ela não fez um regime para casar? Não custava nada...", "Ela é mais gorda que o marido, que desleixo!"

E o fato de o Tiago ser famoso me amedrontava ainda mais. Eu sabia que as fotos do casamento seriam publicadas em sites, jornais e revistas, e isso me deixava mais apavorada. Era um pensamento estranho, afinal eu trabalhava na TV e milhões de pessoas me viam todos os dias. Não fazia sentido; eu sabia disso e lutava contra esse sentimento. Mas era algo inconsciente, com uma raiz profunda na minha história de vida: além do medo de ser gorda, eu tinha medo de ser julgada por ser gorda. Então ficou decidido – não ia ter cerimônia nem festa.

Eu dizia para meu noivo que preferia uma celebração pequena, uma coisa reservada, só para a família. Dizia que não queria festa grande. Mas era mentira! Eu estava mentindo não só para ele, mas para mim também. Inventei isso como desculpa porque não sabia como lidar com a situação de estar toda de branco e ser o centro das atenções. Explicava que me arrependeria depois, ao ver as fotos. Dizia que não ficaria à vontade na festa, que teria vergonha dos convidados. A verdade é que eu estava apavorada. Ele pacientemente repetia: "Você só vai se arrepender de não ter celebrado um casamento lindo! Vai ser o dia mais feliz da nossa vida!" Hoje eu sei que ele tinha toda a razão.

Quando enfim decidi que não podia permitir que a obsessão com meu corpo me fizesse desistir da cerimônia e da festa de casamento, começou a mais dolorosa missão: encontrar um vestido de noiva adequado.

Acho que só vai entender o tamanho desse sofrimento quem tem um problema de aceitação do próprio corpo e já precisou procurar um vestido de noiva ou usar um look branco total. As roupas claras refletem a luz e criam uma impressão de volume, além de evidenciar os "defeitos" do seu corpo. Ou seja, o branco não é a melhor escolha para quem está tentando se esconder, como eu.

E eu havia criado um "padrão de noiva" na minha mente: era como aquelas noivas dos filmes, magras, com a cintura bem fina e de vestido tomara que caia. Eu achava essa imagem muito chique, elegante. Então pensei: *Para o meu casamento, vou emagrecer uns 10 quilos e estarei linda, magra, com os ossos aparecendo, e vou usar um vestido assim.* Seis meses antes do casamento, achei o vestido perfeito: lindo, tomara que caia, acinturado. Na hora, olhando no espelho da loja, me senti bonita e pensei: *Vou comprar um número menor porque vou emagrecer.*

Comprei. Fui para casa realizada. À noite, começou a me bater a maior dúvida. *Será que ficou bom mesmo? E se eu não perder o peso que preciso, como vou me casar com os braços de fora?* Decidi provar novamente... e me senti uma baleia vestida de branco.

Fiquei desesperada. Eu me vi sem cintura, quadrada, com braços enormes, sem nem conseguir respirar de tão apertado que estava o vestido. Não teria coragem de aparecer assim na frente das pessoas. Não consegui dormir naquela noite, só pensando em devolver o vestido.

No dia seguinte, acordei cedo e fui até a loja, mas a gerente me mostrou o aviso gigantesco que havia no caixa: *Não fazemos trocas ou devoluções.*

Saí da loja muito brava e triste. Sentei em um banco que havia na calçada, com o vestido no colo, e comecei a chorar. Chorei desesperadamente. Chorei por vários motivos: porque não sabia o que fazer, por vergonha de ser assim, por me sentir fútil e ingrata – afinal, toda noiva adora escolher o vestido –, chorei por me sentir derrotada e porque só queria ser uma pessoa normal e amar meu corpo do jeito que ele é. E chorei mais ainda porque estava extremamente triste em um momento em que deveria estar muito feliz.

Acabei comprando outro vestido, mais largo, que nem parecia de noiva. Na verdade, *não era* um vestido de noiva. Nem era branco. Era um vestido de festa de cor salmão. Achei que eu poderia parecer mais magra se não me vestisse totalmente de branco. Mas é claro que isso não aconteceria e me arrependi novamente. Então vendi esse segundo vestido e mandei fazer outro, dessa vez branco mesmo, mas de manga comprida.

Resolvido esse problema, concentrei todas as minhas forças em emagrecer. Minha mente doente dizia que eu precisava perder pelo menos 10 quilos. Afinal, como iria usar um vestido branco com aquele corpo?

Desde que me pediram para emagrecer no trabalho, eu vinha tomando inibidores de apetite, laxantes, diuréticos e fazendo dietas malucas que eu não conseguia seguir por mais de 5 dias. Fiquei meses num efeito sanfona muito doloroso. Numa semana estava com 3 ou 4 quilos a mais, aí ficava quase sem comer e perdia esses quilos. Na semana seguinte comia sem parar e recuperava tudo. Àquela altura, eu queria emagrecer a qualquer custo, e não me preocupava se o método escolhido prejudicaria ainda mais minha saúde. Assim, fiz o que hoje considero uma loucura: comecei a aplicar insulina intravenosa, um remédio indicado para o tratamento do diabetes. Nunca tive a doença, mas um médico de São Paulo me receitou o medicamento como método para emagrecer.

Injetei a insulina por um mês e comecei a me sentir muito esquisita, alterada. Não conseguia dormir, estava com dificuldade de me concentrar no trabalho, sentia muita tontura e enjoo, andava muito irritada, brigava por qualquer bobagem, estava fora de controle. Fiquei tão diferente que o Tiago começou a estranhar meu comportamento e descobriu o que eu estava fazendo.

Naquele dia, tivemos a maior discussão de nosso relacionamento. Foi uma conversa dura. Ele me deixou sem escolha: "Daiana, ou eu, ou os remédios para emagrecer." Então eu entendi que se quisesse ter uma vida saudável, com ele ao meu lado, precisaria parar de maltratar meu corpo. Entendi que as pessoas que nos amam de verdade não estão preocupadas com nosso peso. Elas querem o nosso bem.

Sem saída, algumas semanas antes do casamento joguei todos os remédios no lixo e prometi a mim mesma que nunca mais tomaria remédios para emagrecer.

Não perdi um grama sequer até a cerimônia. Nada. E sabe o que aconteceu? O dia do meu casamento foi o mais feliz da minha vida. Na cerimônia e na festa, não pensei, nem por um segundo, se estava gorda ou magra. Eu simplesmente estava feliz por me casar com o homem que me faz sentir a mulher mais especial do mundo e que me acha linda de qualquer jeito. Um anjo enviado para cuidar de mim e me ajudar a parar de machucar meu corpo e minha alma.

Esse episódio foi muito marcante para mim porque percebi quantos bons momentos deixamos de viver por causa da nossa autoimagem deturpada. Essa dor não pode ser ignorada, é claro, mas não podemos permitir que a vergonha ou o sofrimento controlem nossa vida.

Se você ainda não conseguiu vencer essa guerra, tente ao menos se dar uma trégua durante as ocasiões especiais. Tente esquecer um pouco seus medos, suas inseguranças, suas frustrações e permita-se aproveitar o momento. A energia boa do instante vai ajudar você a deixar de lado essas preocupações. Não deixe de viver e de ser feliz por vergonha do seu corpo.

MARINA, 21 ANOS

"Há dois anos coloquei silicone nas mamas e realizei lipoaspiração na coxa, barriga e flancos. Desde os meus 13 anos eu só ingiro alimentos após tomar o laxante. Não há um dia na minha vida que eu me olhe no espelho me sentindo bonita. Já perdi a conta das vezes que me vesti para um evento e deixei de ir, por não gostar do que vejo no reflexo. Não consigo ficar nua na frente do meu namorado e, quando ele me toca, eu só penso nas imperfeições que ele sentirá no meu corpo e que ele deixará de gostar de mim. Há mais de dez anos eu não tiro a roupa na praia e mergulho no mar. Não tenho mais força de vontade de fazer uma dieta certinha diariamente, pois penso que não vai adiantar, que vou continuar feia e gorda. Até hoje odeio quando me elogiam, certamente por não concordar com o que dizem. Tenho tentado lidar com o meu 'não amor-próprio', tenho tentado arriscar a gostar mais de mim. Queria não ter vergonha de ter coxas grossas, não desvalorizar o que sou ou deixar de aproveitar um dia de sol por conta da minha eterna autorrejeição. Ainda bem que tenho alguém que me ama como eu sou, apesar da minha dificuldade em acreditar nisso..."

CAPÍTULO 5

EU VEJO

Não pense que o casamento foi a solução dos meus problemas. Eu estava feliz, mas minha insatisfação com o corpo não me deixava em paz. Por causa da promessa que fiz a mim mesma e ao Tiago, não podia voltar a tomar remédios para perder peso e tive que enfrentar a minha fome outra vez. Foi um período extremamente complicado.

Eu me sentia incontrolável e não sabia o que fazer para mudar meu comportamento.

Todo aquele sofrimento que começou na infância foi crescendo de forma avassaladora e tomou conta da minha vida. Meu apetite e minha culpa estavam maiores do que nunca. Comecei a parar de frequentar alguns lugares, de fazer coisas de que gostava, de encontrar meus amigos e de usar certas roupas.

No início de 2013, procurei uma clínica de emagrecimento para superar aquela fase sem recorrer aos medicamentos. E comecei a dieta mais difícil da minha vida.

Eu só podia ingerir de 600 a 800 calorias por dia e o consumo de carboidratos era praticamente proibido. Estava dando certo: pulei de 68 para 60 quilos em poucos meses. Mas eu queria mais – meu sonho era chegar aos 50 quilos.

Fiquei obcecada com a dieta e passei dois anos nesse regime terrível, me privando de muita coisa, num grau de neurose absurdo. O sofrimento era muito intenso porque eu não conseguiria manter esse padrão alimentar por muito tempo. Era muito sacrificante. Então perdi o controle mais uma vez.

Comecei a comer demais nos fins de semana. De segunda a sexta era uma privação total, mas sábado e domingo eu comia tudo o que via pela frente. Fiquei fissurada por doces e carboidratos e comia sem parar. Depois me culpava, sofria e voltava ao regime de fome. Frustrada e faminta, comia mais. E depois me culpava... Esse círculo vicioso me levou a um colapso nervoso. Acabei engordando 4 quilos – e literalmente pirei.

Era nesse estado que eu me encontrava quando viajei para Foz de Iguaçu no final de 2014 e tive a crise que contei no início do livro. Depois de me empanturrar por vários dias, entrei em desespero e percebi que realmente precisava de ajuda.

Aquele foi o pior momento do meu transtorno alimentar.

No início de 2015, procurei uma psicóloga e fiz um ano de terapia, mas não falava abertamente sobre as maluquices que vinha fazendo a vida toda para emagrecer. Contei que sofria diante da comida, que não aceitava meu corpo, que vivia infeliz com o espelho. Mas não achei que precisava contar sobre os remédios, as dietas absurdas, as tentativas de provocar vômito, os procedimentos estéticos agressivos. Nunca imaginei que estava doente; fazer essas coisas era "normal" para mim. Aliás, descobri que isso é muito comum entre as pessoas que têm transtorno alimentar. Muitas buscam ajuda médica, mas têm vergonha de contar tudo ou não sabem que comportamentos como esses podem representar um quadro de transtorno alimentar e, portanto, não contam para o médico. Isso, muitas vezes, faz com que o tratamento não surta efeito.

Com a terapia, melhorei em muitos aspectos, mas ainda não conseguia conviver com meu corpo (embora estivesse pesando 64 quilos na época). Na maior parte do tempo, eu continuava funcionando naquele esquema de restrição e descontrole. E uma nova oportunidade se anunciou.

Eu vinha sentindo um incômodo nos seios. No início de 2016 procurei um médico e descobri que as próteses de silicone que eu havia colocado 14 anos antes tinham endurecido e eu precisava fazer uma cirurgia para trocá-las. Na mesma hora, meus olhos brilharam: "*Vou aproveitar a anestesia para tirar mais umas gordurinhas e fazer uma redução de mamas! Com seios pequenos vou parecer bem mais magra*", pensei. E foi assim que, aos 34 anos, fiz a terceira lipoaspiração da minha vida. Não me orgulhava disso, mas achei que poderia ser uma boa ajuda na minha luta contra a balança.

Como sempre tive vergonha de fazer lipo, não contei para ninguém que pretendia me submeter mais uma vez à cirurgia. Só falei para o meu marido, que ficou furioso, não me deixou fazer a redução de mama e quis ir me acompanhar à consulta com o médico. O Tiago e o cirurgião plástico me convenceram que não havia indicação para reduzir meus seios, uma vez que minhas próteses não eram grandes. Não era assim que eu via as coisas. Acabei aceitando não reduzir os seios, mas bati pé e fiz a lipoaspiração.

Tirei gordura dos braços, das costas e da cintura, mas, como das outras vezes, não adiantou nada. Claro que não. Eu continuava odiando meu corpo. Enquanto eu não mudasse a minha cabeça, nenhuma transformação no meu corpo seria suficiente.

Apesar de muito doloroso, esse período foi fundamental para minha recuperação. Comecei a pesquisar sobre as doenças ligadas à comida e à relação doentia que desenvolvemos com ela. Refletindo sobre tudo o que sofri a vida inteira, percebi que era hora de agir.

Eu já estava insatisfeita com meu trabalho, não me sentia mais feliz na empresa e estava cansada de sofrer com meu corpo em silêncio. Assim, um mês depois da terceira cirurgia de lipoaspiração, reuni coragem, pedi demissão e criei o canal EuVejo.

Novos rumos

Se, por um lado, não foi fácil largar meu emprego na maior emissora do país, com uma posição estável e de prestígio, salário garantido no fim do mês, benefícios e até certo glamour, por outro, foi um alívio. Além de não precisar mais me preocupar com um padrão de magreza cruel, eu colocaria em prática os planos que estavam na minha cabeça e que poderiam me ajudar nesse processo de cura, e ainda confortar inúmeras outras pessoas que sofriam como eu.

O meu plano era criar um canal no YouTube para falar abertamente sobre meu problema, por mais doloroso que isso pudesse ser. Conversar com as pessoas, entrevistar especialistas, tirar dúvidas, mostrar os riscos dos procedimentos que eu já havia feito e compartilhar minha busca para ter uma relação melhor com a comida e com o corpo. Seria como fazer meu "tratamento" junto com as pessoas que assistissem aos meus vídeos. Isso ajudaria quem assiste e também me ajudaria a permanecer firme nesse propósito.

Antes de gravar o primeiro vídeo, me lembrei das várias ocasiões em que tentei explicar meu sofrimento para outras pessoas e ouvi que o que eu sentia era bobagem, que era frescura, que eu só queria elogios.

Quando me dei conta de que essa poderia ser a reação do público quando lançasse o canal, travei. Fui conversar com a minha mãe, mas o que ela me disse não era bem o que eu queria ouvir: "Minha filha, tu achas que as pessoas vão acreditar em ti? Tu és muito bonita, Daiana. Ninguém vai acreditar que tu não gostas do teu corpo."

Naquele momento, surgiu uma força dentro de mim e respondi, mais para mim do que para ela: "Mãe, as pessoas que sofrem como eu vão acreditar. E elas vão acreditar porque vou falar com o coração."

E foi isso que fiz.

Não escrevi um texto antes, não preparei nem ensaiei nada. Simplesmente liguei a câmera, abri o coração e falei tudo o que sempre tive vontade, mas nunca tive coragem de revelar. Só que comecei a chorar copiosamente no meio do vídeo, e não pude publicá-lo.

Nunca vou conseguir! Não estou pronta para tratar de uma ferida aberta na frente de todo mundo. Que ideia mais idiota que eu tive.

Achei melhor desistir.

Deletei o vídeo e pronto. Assunto encerrado. Meu canal nunca existiria.

• • •

Dois dias depois, tomei a decisão de gravar um novo vídeo. A necessidade de falar sobre o assunto era mais forte do que qualquer bloqueio. Eu sabia que não estava sozinha.

Fiquei muito nervosa. Nunca na minha vida profissional havia me sentido assim. Meu coração estava disparado e minhas mãos transpiravam. Era como se estivesse nua, exposta. Aquela era a primeira vez que falava como eu mesma. Antes, quem falava era uma repórter que contava histórias de outras pessoas. Falar de mim, no entanto, era muito diferente. Era assustador.

No dia 20 de abril de 2016, coloquei o vídeo no ar.

Nomeei o canal de "EuVejo". Ele era o resultado do que eu via de mim, mas era também uma mensagem para todos, porque "estava vendo" que muita gente passava pelo mesmo sofrimento que eu.

Repercussão

Achei que nos primeiros dias o vídeo teria umas 100 visualizações e que, depois de alguns meses, umas mil pessoas teriam assistido. De início, pensei que somente quem tivesse esse mesmo problema se interessaria. Mas em pouco tempo o vídeo já tinha milhares de acessos. Jamais imaginei que *tanta gente* se identificaria.

Em 24 horas o vídeo teve 4 mil visualizações, foram mais de mil inscritos no canal e centenas de mensagens e comentários nas minhas redes sociais. Fiquei muito entusiasmada. No dia seguinte, gravei outro vídeo agradecendo às pessoas que me escreveram dizendo que se sentiram abraçadas e representadas pelo meu depoimento.

Achei que estava no caminho certo e cumprindo minha missão de falar sobre um problema sério e quase sempre ignorado. Antes de ir me deitar, à noite, o vídeo já tinha batido 20 mil visualizações. Fui dormir muito feliz. Na manhã seguinte, ainda na cama, peguei o celular para verificar como estavam os *views* e fiquei em choque: havia mais de 100 mil visualizações!

Cem mil pessoas é mais que a população de Farroupilha inteira. De repente, a ficha caiu e quase morri de vergonha, pensando que toda aquela gente agora sabia do meu sofrimento. Fiquei desesperada, chorei o dia inteiro e falei para o meu marido que estava arrependida e que tiraria o vídeo do ar.

Ele recomendou que eu assistisse aos vídeos da Brené Brown no TED Talk. Ela é uma cientista e escritora que estuda a vulnerabilidade e a vergonha, e suas palestras já foram vistas por mais de 30 milhões de pessoas. Em uma delas, ela fala da vergonha que sentiu quando seu primeiro vídeo teve milhares de visualizações. Era exatamente o que eu estava sentindo.

Ao assistir à palestra, entendi que a minha vergonha não pode ser maior que a minha coragem. Não pode ser maior que a minha vontade de me ajudar e de ajudar outras pessoas. Entendi também que se expor, independentemente de qualquer coisa, é um ato de coragem.

Decidi seguir em frente.

Nas três semanas seguintes, recebi mais de 3 mil mensagens e e-mails de pessoas que diziam odiar o corpo e sofrer demais com isso. Mulheres, homens, adolescentes, ex-modelos, médicas, psicólogas, nutricionistas, empresárias bem-sucedidas, pessoas de todas as profissões, de todas as cores, todos os tamanhos, gêneros e idades.

Contudo, também recebi palavras muito agressivas. Eu estava preparada para enfrentar críticas; afinal, quem decide se expor deve saber que as críticas virão. E eu as aceito numa boa. O que eu não imaginava é que elas seriam carregadas de julgamento, preconceito e raiva. Jamais esperei ser alvo de raiva, porque estava fazendo aquilo por amor. Mas aprendi, em meio a muitas lágrimas, que quem nos julga ou nos ofende na verdade só está manifestando as dores que traz dentro de si. Quem guarda ódio só consegue oferecer ódio. É simples assim.

Por ser uma jornalista conhecida, logo fui convidada por colegas da imprensa a dar entrevistas e abri para a mídia convencional minha dificuldade de autoaceitação. Por dois meses, aguentei firmemente os xingamentos que vieram pela internet e as piadinhas na academia, no mercado, no aeroporto e em todos os lugares aonde eu ia. Era sofrido, mas, como o número de e-mails de pessoas que se sentiam acolhidas e agradecidas era infinitamente maior do que as ofensas, eu aguentava firme e seguia em frente.

Até que um dia explodi.

Amor, ódio e coragem

No final de junho de 2016, depois de uma entrevista à Rádio Jovem Pan, recebi algumas mensagens pelas redes sociais que me deixaram enfurecida. Para desabafar e acalmar meu coração, escrevi um texto e publiquei na minha página do Facebook:

> Recebi três mensagens que me preocuparam e que quero dividir com vocês. Um homem me escreveu: "Você é fútil, mimada e fica com esse blá-blá-blá... Não sabe o que é doença de verdade." Uma mulher escreveu: "Você é fútil e egoísta, tem beleza e fica aí reclamando por uma bobagem. Deus vai te dar um câncer para você ver o que é doença de verdade." Outro homem comentou no YouTube, onde várias mulheres contavam sobre o sofrimento que vivem: "Bando de mulheres fúteis reclamando da vida."
>
> Podem até ser *trolls*, mas o problema é que esse tipo de comentário acontece também fora do ambiente das redes sociais e reflete a falta de informação sobre transtornos psiquiátricos. Esse texto que vem com "fútil", "frescura" mostra claramente o preconceito, que é o filho mais famoso da ignorância.
>
> Se você não sofre de um transtorno alimentar ou de imagem, eu compreendo que não conheça o tamanho e a gravidade do sofrimento. Não é possível medir uma dor que não sentimos. E mais: é difícil compreender uma doença que muitas vezes é invisível.

O problema é que 20% das meninas com anorexia morrem. Pessoas com transtorno de imagem chegam a desenvolver casos tão graves de depressão que podem tirar a própria vida. A cada dois dias, uma pessoa é internada por anorexia ou bulimia nos hospitais que atendem pelo SUS em São Paulo.

Esse número poderia ser maior, mas a imensa resistência que uma anoréxica tem ao tratamento e o preconceito dos outros acabam colaborando para estender a situação por anos e anos. Sim, pessoas estão morrendo enquanto tem gente achando que é frescura.

Esses comentários que desprezam a doença refletem o que muitas mulheres ouvem diariamente da família e de amigos. Precisamos, com carinho e paciência, desarmar esses pensamentos que menosprezam casos graves de saúde.

Depois que postei essa carta nas redes sociais, recebi ainda mais mensagens e e-mails de quem sofre profundamente com o corpo e com a comida. São pessoas que deixam de aproveitar a vida porque não se sentem bonitas o bastante para pertencer a este mundo. Não se sentem dignas de amor, afeto, carinho e admiração porque acham que não correspondem ao padrão de beleza que a sociedade exige. E descobri que somos muitos, milhares, compartilhando essa dor. Chorei muitas vezes lendo os depoimentos que me mandaram durante o primeiro ano do canal, confidenciando sentimentos nunca antes revelados.

Fico muito preocupada com o número de jovens (cada vez *mais jovens*) que dizem odiar o próprio corpo. Entretanto, recebi mensagens de senhoras de 50, 60 anos que contaram ter passado a vida toda em guerra com o espelho. Desde que lancei o canal, não houve um só dia em que eu não recebesse dezenas de mensagens. E elas não param de chegar.

Mesmo que nem todas sejam positivas, elas me convenceram de que fiz a coisa certa ao criar o canal e decidir escrever este livro. Xingamentos e ofensas doem, sim. Mas essas palavras horríveis me deram mais força para continuar falando sobre esse assunto tão delicado. Por isso sou grata aos *haters*. Aprendi com eles a transformar ódio em coragem para seguir em frente.

A pergunta que me perturbava, ao analisar todas essas mensagens, é: por que vivemos nessa busca infinita por beleza, magreza e perfeição? Ainda estou descobrindo mais e mais facetas da resposta a essa questão. Mas depois de tudo o que vi, li, estudei e aprendi, tenho certeza de que a perfeição não existe. Somos todos imperfeitos e cheios de defeitos. É nossa condição de seres humanos. Por muitos anos tentei ser perfeita em tudo, para ser aceita, para ser reconhecida no meu trabalho, para ser amada. E agora sei que esse esforço foi em vão, pois nunca seremos perfeitos.

Meu primeiro vídeo é cheio de defeitos. O telefone toca no meio, eu fico com um pouco de saliva nos lábios, erro algumas palavras. Quando assisti, decidi não cortar essas partes porque quis que ele fosse real, falho, como eu, como você, como a vida. Decidi que finalmente tinha chegado a hora de ser eu mesma, com todas as minhas fraquezas e imperfeições; era hora de falar a verdade como ela é. E se você luta essa mesma batalha, podemos fazer isso juntos: admitir nossos medos, sofrimentos, vergonhas, vulnerabilidades e encarar a vida sem culpa de sentir essas coisas.

Precisamos falar sobre como nos sentimos em relação à comida e ao nosso corpo. Precisamos de pessoas que nos ajudem e não nos julguem. Não podemos mais viver escondidos por causa da vergonha, porque quando ela se torna um estilo de vida, o sofrimento é certo. Quando o medo de ser rejeitado e humilhado toma conta do nosso dia a dia, a dor é tão intensa que nos paralisa.

Por isso, nas próximas páginas, vou compartilhar o que aprendi ao longo do caminho e contar como comecei a recuperar o controle da minha vida, do meu corpo, das minhas emoções e como pude, finalmente, encontrar um pouco de paz diante do espelho e da comida.

ALICE, 24 ANOS

"Meu transtorno alimentar começou por volta dos 12 anos, com episódios de bulimia, que depois se intercalaram com episódios de anorexia, e seguem assim até então. No meio disso tem momentos em que me sinto 'bem'. O problema é que esse 'bem' é classificado como ortorexia, outro tipo de transtorno alimentar. Conheci seu canal há uns três ou quatro dias. Como muitas, eu chorei. Chorei por me identificar, chorei por saber que você e muitas de nós passam por isso. Chorei por saber que muitas continuarão passando. Chorei por saber que sua batalha, a minha e a de muitas meninas que assistem aos seus vídeos será diária. Chorei por saber que todos os dias teremos que nos convencer a amar nossos corpos. Chorei por ver uma guria tão linda como tu dizendo coisas tão doloridas sobre teu corpo. À noite eu choro por todas que não conseguem se olhar no espelho e enxergar a real beleza que existe em seus olhos. Não vamos desistir, vamos persistir muito contra todos esses padrões bizarros. E, sempre que uma de nós sorrir, a vitória será de todas."

PARTE II

NOSSA LUTA

CAPÍTULO 6

AS DOENÇAS DA COMIDA E DA BELEZA

Quando lancei meu canal e comecei a fazer o tratamento, a primeira coisa que fiz foi pesquisar tudo sobre transtornos alimentares e alimentação saudável. Eu tinha muitas dúvidas e desejava descobrir de onde vinha a ideia de que a beleza do corpo e sua adequação estão relacionadas com a magreza.

Saber mais sobre esses assuntos me ajudou a saber mais sobre mim mesma, e tenho certeza de que pode ajudar você a se conhecer melhor também. Basicamente, o que aprendi é que o sofrimento em relação ao corpo e à comida é um sintoma social, ou seja, é algo que afeta toda a sociedade. Estamos adoecendo coletivamente, e por vários motivos.

O Prof. Dr. Táki Athanássios Cordás, psiquiatra e criador do AMBULIM – Ambulatório de Bulimia e Transtornos Alimentares do Instituto de Psiquiatria do Hospital das Clínicas da Faculdade de Medicina da Universidade de São Paulo (USP), o primeiro ambulatório do Brasil voltado para essas doenças –, explica que os transtornos alimentares têm cada vez mais importância clínica e epidemiológica e são muito comuns hoje em dia, diferentemente do que acontecia poucas décadas atrás. Agora o problema atinge uma parcela maior da população, como adultos acima de 40 anos e crianças, e apresenta dados alarmantes: "Apenas cerca de 50% dos pacientes com anorexia nervosa e bulimia nervosa alcançam recuperação completa, e um a cada cinco pacientes com anorexia nervosa morre por complicações clínicas ou comete suicídio", afirma.

Os transtornos alimentares

A Organização Mundial da Saúde e a American Psychiatric Association definem os transtornos alimentares como quadros psiquiátricos de profundas alterações no comportamento alimentar e disfunções no controle de peso e forma do corpo, que levam a sérios prejuízos clínicos, psicológicos e sociais.

De acordo com o *Manual diagnóstico e estatístico de transtornos mentais* de 2013 (DSM-5), "os transtornos alimentares são caracterizados por uma perturbação persistente na alimentação ou no comportamento relacionado à alimentação que resulta no consumo ou na absorção alterada de alimentos e que compromete significativamente a saúde física ou o funcionamento psicossocial". O transtorno alimentar pode se manifestar sob a forma de diversos distúrbios:

1. Transtorno de compulsão alimentar: Neste quadro, a pessoa tem episódios recorrentes de ingestão exagerada de alimentos, numa quantidade muito maior do que a maioria das pessoas comeria no mesmo período ou na mesma situação. Para caracterizar a compulsão alimentar, os episódios de exagero devem vir seguidos de sofrimento intenso e compreender pelo menos três destes aspectos: comer muito mais rapidamente do que o normal; comer até se sentir desconfortavelmente cheio; comer muito mesmo sem estar com fome; comer sozinho por vergonha de seu comportamento; sentir-se deprimido ou culpado após a ingestão exagerada de alimentos. Este transtorno não está associado ao uso de comportamento purgatório, como no caso da bulimia nervosa, por isso está relacionado a um maior risco de ganho de peso e obesidade.

2. Bulimia nervosa: A bulimia se caracteriza por episódios recorrentes de compulsão alimentar seguidos de comportamentos compensatórios (chamados de purgação) para impedir o ganho de peso, como a indução de vômito, o uso de laxantes, diuréticos e outros medicamentos, jejum ou excesso de exercícios. Nessa condição, a ingestão exagerada de alimentos é acompanhada da sensação de falta de controle diante da comida.

3. Anorexia nervosa: A anorexia tem três características essenciais: restrição drástica de ingestão de alimentos; medo intenso de ganhar peso; e distorção na percepção corporal. Algumas pessoas, mesmo já extremamente magras (abaixo do peso mínimo normal), sentem-se muito gordas e acham que precisam emagrecer cada vez mais. Para isso, restringem ao máximo a ingestão de alimentos e usam artifícios inapropriados para eliminar a pouca comida ingerida, geralmente por meio do uso de laxantes e diuréticos ou provocando vômito.

4. Transtorno de ruminação: A característica principal dessa condição é a regurgitação repetida dos alimentos depois de ingeridos. O alimento deglutido (às vezes até já parcialmente digerido) é trazido de volta à boca sem que haja náusea, ânsia de vômito ou repugnância. Indivíduos com esse transtorno podem desenvolver quadros graves de desnutrição (devido à regurgitação frequente) e ter suas interações sociais seriamente prejudicadas pelo aspecto repulsivo de seu distúrbio.

5. Transtorno alimentar restritivo/evitativo: Pode ser compreendido como uma recusa crônica aos alimentos, levando o indivíduo a não satisfazer as demandas nutricionais ou energéticas necessárias à saúde. A evitação ou restrição pode se basear em aversão a determinadas características dos alimentos, como aparência, odor, textura, cor, temperatura ou paladar. Em casos graves, a desnutrição pode ser fatal. Esta condição, em geral, está mais relacionada a transtornos de ansiedade do que à preocupação com a perda de peso ou com a forma física.

6. Pica: Caracteriza-se pela ingestão persistente de substâncias não nutritivas, não alimentares, durante um período mínimo de um mês. Essas substâncias podem ser as mais estranhas, como papel, terra, tecido, cabelo, fios, talco, tinta, carvão, detergente, pedras, sangue, gelo, etc. Em geral, não há aversão aos alimentos normais. Trata-se de um transtorno raro, que acomete mais crianças pequenas e, às vezes, mulheres grávidas.

7. Outro transtorno alimentar especificado: A pessoa tem diversos sintomas característicos de um determinado transtorno alimentar, mas eles não satisfazem todos os critérios para se encaixar num determinado transtorno. O DSM-5 apresenta alguns exemplos de casos em que essa classificação é indicada:

- **Anorexia nervosa atípica:** Todos os critérios para anorexia nervosa são preenchidos, mas, apesar da perda de peso significativa, o indivíduo permanece dentro ou acima da faixa de peso normal.
- **Bulimia nervosa de baixa frequência/duração limitada:** Todos os critérios para bulimia nervosa são atendidos, no entanto os episódios de compulsão e purgação ocorrem, em média, menos de uma vez por semana e/ou por menos de três meses.
- **Transtorno de purgação:** Comportamento de purgação recorrente para influenciar o peso ou a forma do corpo na ausência de compulsão alimentar.
- **Síndrome do comer noturno:** Episódios recorrentes de ingestão noturna, manifestados pela ingestão ao despertar do sono noturno ou pelo consumo excessivo de alimentos depois de uma refeição feita à noite.

8. Transtorno alimentar não especificado: Esta é uma classificação mais ampla, que abrange quadros inespecíficos. Os sintomas característicos de um transtorno alimentar predominam (como sofrimento intenso para comer ou parar de comer, sofrimento clinicamente significativo e prejuízo no funcionamento social, profissional ou em outras áreas importantes da vida), mas não se encaixam em todos os critérios de nenhum transtorno específico.

O meu caso

Os médicos dizem que eu tive, na maior parte do tempo, um *funcionamento anoréxico*, pois fazia muita restrição alimentar, queria ser extremamente magra e tinha uma evidente distorção da imagem corporal, mas nunca consegui ficar muito tempo sem comer. Como não tive perda de peso significativa, meu diagnóstico não preenchia totalmente os critérios para anorexia nervosa nem para anorexia nervosa atípica, assim como não me encaixava no quadro de bulimia nervosa, já que nunca tive compulsão alimentar de fato. Por isso recebi o diagnóstico de *transtorno alimentar não especificado*.

Sempre achei que meus episódios de exagero eram compulsão, mas, na verdade, não eram. Eu comia de forma exagerada para quem estava acostumada com dietas super-restritivas, mas a quantidade de comida que eu ingeria jamais foi próxima de um episódio de compulsão alimentar, em que a pessoa come uma quantidade realmente absurda.

Quem nunca repetiu um prato de macarrão no almoço? Na minha vida adulta, eu tentava não fazer isso, tentava comer o mínimo possível, mas nem sempre conseguia e repetia uma ou duas vezes. E quando isso acontecia, eu me sentia como se tivesse devorado uns dez pratos. Essa percepção equivocada da quantidade de comida ingerida é um dos sintomas do meu transtorno.

Apesar de sempre ter vivido uma relação conturbada com a comida, nunca imaginei que pudesse ter um transtorno alimentar. Só tive o diagnóstico em maio de 2016, pouco depois de lançar o meu canal.

Como fazer dieta e preocupar-se com a forma física é algo tão comum hoje em dia, muita gente tem algum tipo de transtorno alimentar e não sabe disso. Os livros de psiquiatria mostram que, no Brasil, cerca de 1% a 3% da população geral e aproximadamente 4% dos jovens com idade entre 12 e 20 anos sofrem de algum tipo de transtorno alimentar, como anorexia ou bulimia. E esse número pode chegar a 10% da população se considerarmos os quadros parciais, os chamados outros transtornos alimentares especificados e não especificados. Já os casos de compulsão alimentar na população geral variam entre 0,7% e 3,3%, mas chegam a 29,7% entre obesos que procuram tratamento para perda de peso.

Esses são os dados oficiais, de casos registrados. Entretanto, muitos psiquiatras, psicólogos e nutricionistas afirmam que os números são bem maiores, porque só a minoria das pessoas que sofrem com algum desses transtornos procura ajuda, seja por vergonha, por falta de informação ou de condições financeiras.

Quando comecei a falar abertamente sobre isso na internet, descobri que muitos conhecidos tinham transtorno alimentar e eu nem desconfiava. Até amigas próximas confessaram que sofriam com isso e nunca haviam contado para ninguém. Só no prédio onde moro, em São Paulo, conheci duas pessoas que enfrentavam transtornos alimentares havia anos.

O transtorno de imagem

Como sempre me vi gorda, larga, com um corpo até meio masculino, eu acreditava que tinha transtorno dismórfico corporal (TDC). Foi só quando comecei o tratamento psiquiátrico que descobri que esse não era o meu problema. No meu caso, a distorção de imagem era apenas mais um traço do meu distúrbio.

Muita gente confunde esses conceitos – como eu fazia –, mas o TDC é um transtorno psiquiátrico do espectro obsessivo-compulsivo, e não um transtorno alimentar. Quem tem esse problema sofre profundamente com "defeitos" em sua aparência física que são leves e às vezes até imperceptíveis para outras pessoas.

A Dra. Ana Clara Floresi, médica psiquiatra especialista em transtorno dismórfico corporal, explica que os pacientes com TDC se veem deformados, feios ou sem atrativos. As preocupações variam desde sentir-se "inadequado" até parecer "hediondo" ou "como um monstro". O foco da obsessão pode ser uma ou mais áreas do corpo, mais comumente a pele

(p. ex., percepção de acne, cicatrizes, rugas, palidez), os pelos (p. ex., cabelo "ralo" ou pelo corporal ou facial "excessivo") ou o nariz (p. ex., o tamanho ou formato). A preocupação é tão grande que causa sofrimento clinicamente significativo e um sério prejuízo no funcionamento social, profissional ou pessoal. O cantor Michael Jackson, com suas múltiplas plásticas e intervenções estéticas, é um exemplo clássico desse quadro.

Os quadros de TDC podem ser tão graves que algumas pessoas chegam a pedir demissão do emprego e a não sair mais de casa por se sentirem verdadeiras aberrações. É uma feiura imaginária, como se tivessem um "editor de imagem do mal" nos olhos.

A porcentagem do transtorno dismórfico corporal entre os adultos no Brasil é de 1% a 2,4%. As estatísticas americanas mostram que entre pacientes que procuram um dermatologista para solucionar esses supostos defeitos é de 9% a 15%. E, em todo o mundo, de 3% a 16% dos pacientes que procuram cirurgia plástica estética têm transtorno dismórfico corporal.

As doenças da beleza

Na última década, os números relacionados às chamadas doenças da beleza cresceram de modo alarmante. Segundo a Dra. Joana de Vilhena Novaes, pós-doutora em Psicologia Social e coordenadora do Núcleo de Doenças da Beleza da PUC-Rio, cerca de 30% das mulheres brasileiras apresentam algum tipo de sofrimento intenso com relação à aparência, levando-as a buscar ajuda, precisar de acompanhamento psiquiátrico e tomar medicação. E ao menos 50% têm um desconforto significativo com a própria aparência, manifestando comportamentos como falta de vontade de sair, não querer ser fotografada, não se sentir suficientemente bonita e considerar-se inadequada para frequentar espaços públicos.

Todo momento histórico tem suas doenças e seus sintomas sociais. Os transtornos alimentares e o horror à gordura seriam um sintoma do momento atual, uma vez que vivemos em uma sociedade que enaltece a imagem e o espetáculo. "Nesse contexto, a aparência assume a representação da personalidade do indivíduo, o caráter do sujeito, e daí advém todo o sofrimento da exclusão socialmente validada, gerada por qualquer desvio estético, fora dos ditames de beleza atuais: jovem & magro", afirma Dra. Joana. "Tolera-se cada vez menos, e isso vem acompanhado de uma avaliação moral depreciativa daqueles que não cuidam da própria aparência. Moralizar a beleza é dizer que quem não cuida do próprio corpo é desleixado, sem caráter. De um direito, a beleza tornou-se um dever social."

Por causa dessa cruel pressão para ser bonita e aceita, o número de mulheres que adoece só aumenta. É raro encontrar uma que não se sinta de alguma forma afetada pela ditadura da magreza, da beleza e da juventude eterna.

Paradoxalmente, os índices de obesidade nunca foram tão altos no nosso país e no mundo. Segundo dados do Ministério da Saúde, 52% da população brasileira está acima do peso, sendo que 18% estão obesos. Como isso pode estar acontecendo se nunca se falou tanto de dieta, alimentação saudável e exercício físico?

Para muitos especialistas, a resposta está na própria pergunta. Segundo eles, a razão para o aumento dos casos de obesidade, transtornos alimentares e insatisfação corporal está justamente na obsessão pela magreza e nas dietas restritivas.

Disposta a ir a fundo no conhecimento sobre esse assunto, li diversos livros e estudos nacionais e estrangeiros sobre a insatisfação corporal e entrevistei alguns dos maiores especialistas em doenças alimentares e de imagem do país. Aos poucos, os motivos que estão nos levando a adoecer ficaram muito claros para mim.

JOANA, 26 ANOS

"Não me lembro ao certo, mas acho que tinha 9 ou 10 anos quando todos começaram a me chamar de gorda, numa época em que eu já carregava o peso de ser negra. Eu era apenas uma criança e já realizava procedimentos estéticos, fazia dieta e alisava os cabelos. Eu odiava meu corpo, minha cor, meu cabelo crespo. É horrível admitir, mas esse ódio veio de dentro da minha própria casa. Sei que minha família fazia tudo isso para que eu não sofresse o preconceito de uma sociedade racista e machista, mas toda essa pressão para ser aceita me deixou marcas profundas que até hoje não consigo cicatrizar. Sofro com crises de ansiedade e minha alimentação tem altos e baixos. Nunca fui feliz com minha imagem, me privo de sair, de me divertir e de paquerar. Transar é um problema; na maioria das vezes não sinto prazer porque fico pensando se a pessoa está reparando na minha barriga ou nas manchas da minha pele, se meu peito está caído ou se minha maquiagem está escorrendo. As pessoas me dizem que sou bonita, e até me sinto razoavelmente bem quando estou arrumada. Mas basta alguém da minha família ou do meu trabalho dizer que eu preciso emagrecer, que o inferno recomeça e volto a comer compulsivamente. Meu sonho é ser mais bem resolvida, mas tenho a sensação de que só encontrarei a felicidade quando estiver 25 kg mais magra."

CAPÍTULO 7

AS CAUSAS DAS DOENÇAS DO CORPO, DA COMIDA E DA BELEZA

Segundo os psiquiatras, não há uma causa específica responsável pelo desenvolvimento dos transtornos alimentares. Acredita-se que o modelo multifatorial contribua para o seu aparecimento, com participação de diversos fatores:

Fatores biológicos: Alterações de neurotransmissores como a serotonina, a dopamina e a noradrenalina têm sido consideradas fatores predisponentes para os transtornos alimentares.

Fatores genéticos: Estudos indicam maior prevalência de anorexia em algumas famílias, o que sugere um modelo de transmissão genético. O mesmo ocorre com os casos de bulimia.

Fatores socioculturais: A obsessão por um corpo magro e perfeito é vista como elemento desencadeante de insatisfação corporal e de atitudes alimentares inadequadas em adolescentes e adultos jovens. A exaltação de atrizes, modelos e blogueiras com peso abaixo do esperado se opõe à ridicularização sofrida por obesos de maneira geral.

Fatores familiares: Os pacientes com transtorno alimentar geralmente apresentam conflitos intrafamiliares, ausência de coesão no núcleo familiar e dificuldade de comunicação entre os parentes. Pais superprotetores podem influenciar o surgimento dos distúrbios, uma vez que seus comentários a respeito do peso dos filhos são um importante fator preditivo para o desenvolvimento dos transtornos.

Fatores psicológicos: Há algumas características comuns entre os pacientes com transtorno alimentar, tais como perfeccionismo, distorções cognitivas, rigidez comportamental, necessidade de manter total controle sobre sua vida, indiferença em relação ao sexo, autocrítica excessiva, reações exageradas a situações de estresse e baixa autoestima.

Além disso, fatores comportamentais também têm um peso muito grande nesse processo. De acordo com as minhas pesquisas, os transtornos alimentares são uma resposta física a padrões de pensamento e hábitos como:

1. Buscar um padrão inatingível de beleza

Em todas as épocas, houve um "padrão" do que era considerado bonito. Na Europa, na época da Renascença, entre os séculos XIV e XVI, ser gordo era sinônimo de beleza e nobreza, uma vez que representava fartura, acesso à riqueza, abundância e ócio.

Atualmente, o padrão é ser magro – e de preferência com músculos bem definidos, ou seja com baixíssimo percentual de gordura corporal. A supervalorização das modelos milionárias, das socialites descoladas e das celebridades da internet criou a nova referência de beleza e sucesso que todos desejam copiar.

Esse estereótipo é reforçado pela indústria da beleza e da moda, que reproduz essa mensagem na TV, no cinema, nas revistas, na publicidade e na internet, com o único objetivo de vender produtos e fazer você acreditar que só será feliz ao atingir esse padrão.

Mas a verdade é que tal padrão é irreal. Veja as modelos de passarela: muito altas e magras, são consideradas pela mídia as mulheres mais lindas do mundo. Mas o que ninguém conta é que estima-se que apenas 1% a 5% da população mundial tem compleição física e genética para ser desse jeito. Embora não existam dados exatos sobre isso, todos os profissionais que entrevistei explicam que somente uma parcela mínima da população nasce com o biotipo de uma modelo ou com a tendência natural ao corpo "sarado" das musas fitness. Logo, esses *nunca* poderiam ser padrões, já que o conceito de "padrão" requer que a maioria se encaixe.

No livro *Nutrição em psiquiatria*, o Dr. Táki Athanássios Cordás, a nutricionista Adriana Trejger Kachani e outros especialistas dizem que transformamos o corpo em um lugar sagrado e nos sentimos obrigados a cultuá-lo, exercitá-lo, fortalecê-lo e, principalmente, mantê-lo jovem. "Estamos vivendo uma era em que o corpo é supervalorizado e quem não tem o dito 'corpo ideal' é tratado como criminoso", afirmam.

Quando li isso, pensei: *Caramba! Então não é só coisa da minha cabeça?* Respirei aliviada, porque percebi que não era louca nem ingênua por me deixar levar por uma "pressão imaginária", como já ouvi diversas vezes. Essa pressão existe *sim* e está devidamente registrada nos livros de psiquiatria.

Outro livro que me ofereceu inúmeras respostas foi *Nutrição e transtornos alimentares*, organizado pelas pesquisadoras Marle Alvarenga, Fernanda Baeza Scagliusi e Sonia Tucunduva Philippi. Entre outros assuntos, os autores discutem a ditadura da beleza, demonstrando de que forma somos forçados a embarcar nessa loucura de que precisamos ser magros para sermos aceitos: "Mesmo que a pessoa não precise e não deva perder peso, a ideia de 'quanto mais magra, melhor' é reforçada. Simultaneamente, as reportagens transmitem que qualquer mulher pode transformar o corpo em um período determinado e que vale a pena o sacrifício por tais resultados, pois promovem maior sensação de poder e felicidade. Em outras palavras, as leitoras podem concluir que a vida simplesmente não é completa se não estiverem em forma, ou seja, magras e bonitas."

As revistas, os sites e os blogs de dieta e exercícios tratam o corpo como se ele fosse infinitamente maleável, como se qualquer pessoa, com qualquer metabolismo e tipo físico, pudesse transformar seu corpo da mesma forma e obter os mesmos resultados. Chamadas do gênero "Perca 3 quilos em uma semana com a dieta tal e fique pronta para o verão" transmitem a mensagem de que você não é bonita o suficiente e precisa fazer o que está sendo sugerido para ficar magra e feliz para sempre.

Você abre o Instagram e vê as tais modelos fitness levando uma vida perfeita e exibindo suas barrigas negativas em praias paradisíacas. Elas apresentam o novo *shake mara* que receberam da empresa X ou algum outro suplemento (pelo qual receberam milhares de reais para dizer que tomam e que "dá um suuuper-resultado") e escrevem na legenda da foto: "Foco! Basta você se empenhar! Você também pode ter este corpo." O resultado? Um sentimento terrível de fracasso porque *só você* não consegue ser assim.

Certa vez assisti a um vídeo em que uma dessas blogueiras dizia: "As pessoas adoram dar desculpa. 'Ah, eu engordo por causa da pílula, eu engordo porque tenho hipotireoidismo...' Pode parar, né? Pode parar! Você engorda porque você come, porque você não treina, porque falta força de vontade." Ao ouvir isso, como você interpreta? *Se eu tenho uma doença chamada hipotireoidismo, a culpa é minha. O fato de a minha tireoide não produzir hormônios na medida certa e isso me deixar lenta, friorenta e acumulando gordura não é culpa da doença, é culpa minha. Eu não me esforço o suficiente.*

Claro que toda essa pressão nos deixa com a sensação de que nosso corpo é inadequado, errado, inútil. E por isso sentimos vergonha – tanto de ser como somos quanto da nossa incapacidade de ser como "deveríamos". Enquanto isso, muita gente lucra com o nosso sofrimento.

A beleza é uma convenção, mas tendemos a aceitá-la como verdade absoluta. E nos tornamos escravos dela, fazendo barbaridades (como eu fiz) para atender aos seus padrões.

Não faz muito tempo, as mulheres desejavam ter um corpo cheinho e com formas arredondadas, como as atrizes de cinema dos anos 1940 e 1950. É curioso ver as propagandas daquela época, que vendiam remédios, fortificantes e abridores de apetite que prometiam ganho de peso! Uma delas, dos comprimidos Vikelp, dizia transformar "as magras de nascença em criaturas fortes e cheias de vida". Se lançassem esse mesmo comprimido hoje, ele certamente prometeria o efeito contrário.

Segundo a Psicanalista Cybelle Weinberg, doutora em Psicologia Clínica e coordenadora da Ceppan (Clínica de Estudos e Pesquisas em Psicanálise da Anorexia e Bulimia), "podemos afirmar que a grande maioria das mulheres, hoje, está sofrendo por não ter o corpo ditado pela moda. Evidentemente, em graus diferentes de sofrimento, que varia desde uma insatisfação generalizada com o peso, até o sofrimento que leva ao isolamento e afastamento do convívio social. O desejo de ter um corpo belo sempre existiu. Mas o sofrimento em um grau tão elevado como o que estamos vivendo hoje em dia me parece inédito".

Num artigo muito interessante sobre as mudanças do padrão de beleza ao longo do tempo, a nutricionista Marcela Salim Kotait, especialista em Transtorno Alimentar e coordenadora da equipe de Nutrição do Ambulatório de Anorexia Nervosa do Ambulim, diz que, na Pré-História, curvas excessivas significavam abundância, e, em algumas culturas, os homens carregavam amuletos com imagens de mulheres com medidas generosas para atrair proteção, sorte e prosperidade. Na Idade Média, o modelo ideal era o das mulheres de face corada e corpo curvilíneo. Nos anos 1920, muitas mulheres perderam o marido na guerra e precisaram assumir um visual mais masculino, com corpos magros, longilíneos e cabelos curtos. Ainda segundo o artigo, os anos 1940 e 1950 foram dominados pela voluptuosa Marilyn Monroe. Uma década depois, a modelo Twiggy surge muito magra, com jeitão andrógino, mudando completamente os padrões. Nos anos 1980 e 1990, as supermodelos, como Linda Evangelista, Cindy Crawford e Claudia Schiffer, ditaram a moda, seguidas por Gisele Bündchen nos anos 2000. Chegamos aos anos 2010 com um novo padrão: o da mulher fitness. "A crença de que podemos moldar nossos corpos com a ajuda de suplementos e academia faz com que muitas mulheres se arrisquem com dietas malucas e exercícios físicos exagerados para ter o corpo parecido com o das mulheres extremamente fortes com pouquíssima gordura que dominam a cena", afirma a nutricionista.

Apesar de saber que essa busca obsessiva pela beleza, pela juventude e pela magreza é um equívoco, muitas mulheres continuam presas a ela. A psicanalista Maria Helena Fernandes, doutora em Psicanálise e Psicopatologia pela Université Paris VII, afirma que, em 2007, 53% da população feminina brasileira fazia regime e que, naquela época, o uso de remédios para perder peso havia crescido 500% no Brasil, tornando-o o terceiro maior consumidor de medicação para emagrecer no mundo. Segundo a Sociedade Brasileira de Cirurgia Plástica, hoje somos também o segundo país em número de cirurgias estéticas, a maioria realizada em pessoas jovens, entre 19 e 35 anos.

Isso demonstra que quem não tem o corpo naturalmente magro apela para todos os meios de consegui-lo, mesmo que isso coloque a saúde em risco. Infelizmente, ninguém fala para a gente: "Pense bem antes de fazer uma plástica ou tomar remédios para emagrecer. Talvez você não deva marcar uma consulta com um cirurgião plástico sem antes consultar um psicólogo." Se alguém tivesse me alertado sobre isso, talvez minha vida tivesse sido bem diferente!

2. Acreditar que é preciso ser magro e bonito para ser feliz

A magreza tem sido vendida como caminho para a felicidade. Quem é magro é bonito e feliz e, portanto, realizado. Eu mesma fui vítima dessa armadilha a vida toda, acreditando que só me sentiria completa quando a balança mostrasse o peso que eu desejava.

O que precisamos entender é que ser magra e bonita *não* é, e nunca foi, garantia de felicidade. Muitos estudos e pesquisas já foram feitos com modelos, e o que se viu é que elas também encontram defeitos em si mesmas e acham que precisam emagrecer mais ou fazer cirurgias plásticas para ficar ainda mais bonitas.

Quantas vezes você viu uma modelo tão magra que até aparentava estar doente? Será que *isso* é ser bonito e feliz? Ou estamos *condicionados* a achar que é? Veja bem, não estou dizendo que todas as modelos são doentes, mas sei que muitas delas já fizeram loucuras para conseguir mais trabalhos, já que as agências exigem mulheres cada vez mais magras. É muito improvável que todas elas tenham nascido daquele jeito e que nunca tenham feito algo que prejudicasse a saúde para manter aquele padrão corporal. Muitas delas desenvolvem algum tipo de transtorno alimentar e usam diversos métodos perigosos para emagrecer. Mas isso não se vê nas páginas das revistas.

E o que muita gente também não sabe é que grande parte do que vemos nas revistas e na internet *não é real*. O corpo perfeito, a pele de pêssego e o cabelo sedoso são produzidos digitalmente. Os "defeitos" são corrigidos para eliminar o que não se considera aceitável. Uma perfeição fabricada que alimenta a frustração de muita gente.

A psicóloga e psicanalista Gabriela Malzyner comenta o perigo de não questionarmos aquilo que vemos: "Os grupos funcionam a partir de ideias partilhadas, da procura de modelos de identificação e de uma busca de liderança. Quanto menos críticos somos e quanto mais influenciáveis nos tornamos, maior é nossa tendência a acreditar que existe apenas uma maneira de ver a vida, e essa maneira é aquela ditada pelo modelo atual vigente. Vivemos em uma sociedade em que a imagem vem antes do pensamento. O que nossa sociedade atribui como valor é o dinheiro, a magreza e a beleza estética. Não podemos ser pobres, nem gordos, tampouco velhos. A ditadura da beleza nos impede até mesmo de envelhecermos, como se buscássemos corpos que não denunciam a mazela da finitude da vida."

E muitas pessoas veem a vida passar sem conseguir construir relacionamentos saudáveis porque acreditam que precisam ser bonitas (ou magras) para serem amadas e felizes. Já recebi muitas mensagens de homens e mulheres que diziam coisas como "Não me sinto merecedor de amor porque não sou bonito", "Nunca me casei porque sou feia", "Ainda não tive minha primeira relação sexual porque acho que nenhuma mulher vai se sentir atraída por mim".

Somos levados a acreditar que o segredo da felicidade está em ter uma boa forma física, mas não percebemos que ser lindo e magro proporciona apenas beleza e magreza, e essas características NÃO são sinônimos de felicidade, de saúde ou de bem-estar. Esse é um terrível engano. A felicidade está dentro de nós, e não na nossa aparência.

Devemos mudar a maneira como pensamos sobre nós mesmos, modificar a forma como nos olhamos. Será mesmo que somos todos inadequados? Todos gordos demais? Feios demais? Magros demais? Será que não merecemos amor porque somos muito baixos ou muito altos? Ou muito brancos ou muito pretos? Ou muito ruivos, muito louros, muito castanhos ou muito orientais?

É claro que não! Somos todos belos, cada um à sua maneira.

Não existem modelos únicos de felicidade, de beleza e de alegria, pois essas coisas têm significados diferentes para cada pessoa. Independentemente do tamanho do seu manequim, você é, sim, bom o bastante para ser amado. A beleza está dentro de você, não importa o que os outros pensem a seu respeito. Mas para *ser* assim você precisa se *sentir* assim. E o único meio de fazer essa mudança acontecer é o amor. O amor por nós mesmos. O amor-próprio, que gera a autoaceitação, a autocompaixão e o autorrespeito.

3. Sentir-se obrigado a ser perfeito

Hoje em dia existe uma grande pressão social para que sejamos bons em tudo: bons profissionais, bons amantes, bons pais, bons amigos, bons filhos, bons colegas de trabalho, bons chefes, bons familiares, bons vizinhos, bons cozinheiros, bons esportistas, bons em finanças, bons em artes, bons leitores, bons em conhecimentos gerais, bons conhecedores de vinhos, bons viajantes... e bons na aparência física. Ninguém aceita menos que a perfeição.

E como sabemos que não somos perfeitos, postergamos nossa felicidade para quando chegarmos lá. Mas quem disse que perfeição traz felicidade? Quem disse que perfeição resolve problemas? Aliás, quem disse que perfeição *existe*?

Por muitos anos, achei que só teria sucesso profissional se fosse uma repórter perfeita. Tentava ter um texto genial, uma apuração brilhante, uma narração impecável. Queria ser boa em absolutamente tudo. Queria não ter cometido nenhum dos meus erros do passado. Quando conversei com a minha psicóloga sobre isso, ela disse: "Daiana, a mulher perfeita é a mulher que não vive, que não existe! Só quem não vive não comete erros!"

Ouvir isso foi um grande alívio. A perfeição simplesmente não faz parte da natureza humana. Então decidi tentar viver em paz com a minha imperfeição. Percebi que nossas falhas nos transformam em pessoas mais humanas, mais sensíveis, mais gratas e mais felizes.

No livro *A coragem de ser imperfeito*, de Brené Brown – a pesquisadora que fez uma palestra sensacional no TED abordando a questão da vergonha e da vulnerabilidade –, há uma passagem que me marcou muito: "Perfeccionismo não é autoaperfeiçoamento. Perfeccionismo é, em essência, tentar obter aprovação. [...] O medo de falhar, de cometer erros, de não corresponder às expectativas dos outros e de ser criticado mantém o perfeccionista fora da arena da vida, onde a competição e o esforço saudáveis se desenrolam. O perfeccionismo é autodestrutivo simplesmente porque a perfeição não existe. É uma meta inatingível."

A autora também aborda uma questão importante, que é a sensação de nunca sermos bons o bastante. Acredito que esse é o maior crime que cometemos contra a nossa autoestima. Nós sentimos que nunca somos:

- bons o suficiente;
- perfeitos o suficiente;
- magros o suficiente;
- bonitos o suficiente;
- poderosos o suficiente;
- bem-sucedidos o suficiente;
- inteligentes o suficiente;
- corretos o suficiente;
- seguros o suficiente;
- extraordinários o suficiente.

Digo isso por mim, mas tenho certeza de que muita gente se sente dessa maneira. Todos temos os mesmos medos, inseguranças, dificuldades, vulnerabilidades. Ninguém é obrigado a ser perfeito em nada! É claro que devemos nos esforçar, nos dedicar àquilo que fazemos, tentar ser a melhor versão de nós mesmos – e isso não tem a ver com alcançar a perfeição. Tem a ver com *aceitar nossa imperfeição*. Não é fácil abandonar esse condicionamento, mas podemos começar a pensar diferente.

4. Comparar-se com os outros

Estamos o tempo todo nos comparando com os outros. Comparamos nosso corpo com o das atrizes da TV que consideramos maravilhosas, com o das modelos nas capas de revista, com o das blogueiras que seguimos na internet, com o daquela amiga linda que vive postando fotos de biquíni. Só que nos esquecemos de um detalhe: as pessoas que seguimos nas redes sociais em geral publicam uma ou duas fotos por dia. É uma vida editada, é só a melhor parte, só poucos segundos do dia daquela pessoa, em que ela se arrumou, posou, escolheu o melhor ângulo, a luz, a roupa... (Tenho certeza de que você também escolhe o seu melhor ângulo quando tira uma foto. Ou vai me dizer que não escolhe a melhor fotografia quando vai postar algo? Todo mundo faz isso!) Quando você olha aquela imagem, tem a impressão de que a vida da pessoa é maravilhosa, alegre e cheia de glamour. Mas me diga: e o resto do dia? E os outros "ângulos"? E os outros momentos que não foram fotografados? Quem garante que aquela pessoa é feliz daquele jeito o tempo todo?

Eu garanto: ela não é. Porque ninguém vive 100% do tempo feliz, lindo, cheiroso, sorridente, arrumado e saltitante. Às vezes, as pessoas postam fotos na academia, malhando, suadas, e na verdade estão deitadas na cama, chorando e comendo chocolate. Às vezes, as pessoas postam a foto de uma mesa de café da manhã incrível, como as das novelas ou de revistas, só que aquela mesa *nem sempre* (quase nunca) é delas!

Muitos desses influenciadores digitais ganham dinheiro de lojas de decoração e de lojas de louças ou de bolos simplesmente para postar fotos de mesas incríveis. Aquela foto que você acha que é o jantar da famosa foi tirada por um fotógrafo profissional, em um estúdio, com uma iluminação especial. Depois disso, ainda passou por retoques no computador. É propaganda disfarçada! Dê uma olhada nas hashtags #lojatal, #boloseiladequem, #pratosmarcatal. Não sou contra quem faz isso, só quero mostrar que a gente não deve acreditar em tudo o que vê.

Pensamos que aquelas pessoas estão vivendo uma vida incrível, enquanto nós estamos no ônibus lotado, comendo um sanduíche em pé porque saímos de casa atrasados. Mas a vida real é muito mais um ônibus lotado que uma foto de revista. As pessoas não postam os momentos ruins, ninguém diz que fracassou em uma dieta. Só publicam a parte boa da vida. E nós ficamos com a impressão de que nossa vida é horrível, porque comparamos o nosso pior com o melhor "melhorado e editado" dos outros. Por trás daquelas fotos de praia, felicidade e glamour há muita coisa, inclusive trabalho duro, sofrimento, problemas, fracassos, contas para pagar e as mesmas dificuldades que existem na rotina de qualquer ser humano. Então, por favor, pare de se comparar ao que vê nas redes sociais.

Da mesma forma, as fotos das revistas e das propagandas também são manipuladas para parecerem perfeitas. As modelos são arrumadas por cabeleireiros e maquiadores profissionais, clicadas pelos melhores fotógrafos do mundo, com mil recursos de iluminação, e depois as imagens são retocadas por pessoas altamente especializadas. Ou seja, as fotos de revistas também não podem ser seu referencial de beleza.

A famosa top model Cindy Crawford certa vez disse "Eu queria parecer com a Cindy Crawford", referindo-se ao fato de que tantos truques e retoques em suas fotos a deixavam parecendo outra pessoa. Às vezes, a manipulação digital pode passar dos limites: a marca sueca de roupas H&M admitiu que já usou mulheres feitas por software em suas propagandas. O que significa que o corpo que invejamos nas revistas talvez nem sequer seja real.

Estamos vivendo mais no mundo virtual que no real, e isso está nos aprisionando. A psicóloga e psicanalista Patricia Gipsztejn Jacobsohn, que estuda a influência da internet na insatisfação corporal e nos transtornos alimentares, explica que a conectividade trouxe algumas questões importantes que requerem discussão e atenção constantes. Não se trata de demonizar a internet – que nada mais é que o reflexo de nossa sociedade –, mas precisamos ficar atentos e ter um olhar crítico sobre o que consumimos na rede.

Segundo ela, a influência das musas fitness tem causado grande impacto nos casos de pacientes em seu consultório. "É um fenômeno que tem se pulverizado nas redes e apresenta algumas características preocupantes. Práticas anorexígenas ou uma alimentação transtornada e/ou extremamente restritiva são apresentadas como saudáveis e também como estilo de vida. As blogueiras, sem formação específica, recomendam exercícios físicos e orientações dietéticas, impondo aos leitores um padrão estético e um corpo que não é seu (e provavelmente, na grande maioria dos casos, nunca será). A maioria dos jovens desconhece o caráter altamente lucrativo desses perfis e não sabe que esses posts são patrocinados. É difícil dizer como todas essas questões vão impactar cada pessoa, já que isso depende de configurações psíquicas individuais. Mas podemos perceber que elas vão na contramão das ampliações de possibilidades de vida e de recursos psíquicos. São conteúdos limitados, asfixiantes e ilusórios."

Portanto, avalie bem quem você segue nas redes sociais, principalmente se for alguém que não conhece. Quem tem algum tipo de transtorno alimentar deve ter cuidado redobrado, pois muitos desses perfis podem estimular comportamentos anoréxicos ou bulímicos. Preste atenção se seus ídolos não estão gerando mais comparação e frustração do que entusiasmo. Evite colocar na sua vida pessoas que nem sempre mostram a verdade como ela realmente é.

A nutricionista Marle Alvarenga, uma das mais conceituadas no Brasil na área de transtorno alimentar, afirma que há muito tempo já se sabe que a mídia tem papel importante no desenvolvimento de transtornos alimentares, principalmente entre adolescentes e jovens adultos, e concorda que essa temática se tornou ainda mais preocupante hoje, na era das mídias sociais. "A grande questão é que não parece haver qualquer crítica a respeito dessa problemática, nem mesmo nas grandes páginas de notícias da internet, que resolvem fazer entrevistas com as influenciadoras digitais que são musas fitness no Instagram. Precisamos discutir o impacto negativo desse tipo de mídia e ajudar as pessoas a filtrar os conteúdos. Além disso, nós, profissionais de saúde, precisamos expandir nossos esforços para combater as informações inadequadas e prejudiciais veiculadas nesses meios", afirma.

Em maio de 2017, uma pesquisa feita no Reino Unido demonstrou que o Instagram é considerado a rede social que mais tem impacto negativo sobre a saúde mental dos jovens. Alguém duvida?

5. A indústria da beleza

Fazer as mulheres se sentirem feias, gordas ou inadequadas é uma das estratégias usadas pela indústria da beleza para aumentar ainda mais seus lucros. Quanto menos gostarmos do nosso corpo, mais dinheiro vamos gastar com produtos e tratamentos para tentarmos ficar mais magros e bonitos. A lista é longa: dietas milagrosas, superalimentos, sopas, shakes, remédios e fórmulas para emagrecer, hormônios, anabolizantes, cirurgias plásticas, centenas de tipos de procedimentos estéticos, aparelhos de musculação para ter em casa, cremes, maquiagens, botox, preenchimento, laser, roupas, sapatos, revistas de dietas e boa forma, modeladores, apliques de cabelo, cílios postiços, unhas postiças, peitos e bumbuns de silicone, whey protein, suplementos e muito mais.

Provavelmente você já gastou dinheiro com alguns desses itens, certo? Talvez, se pudesse, gastaria ainda com outros tantos. Não vejo nada de errado nisso, afinal, eu mesma já usei (e uso até hoje) muitas dessas coisas. O problema, na verdade, é o que motiva o consumo desses produtos. Quando acreditamos que *precisamos* daquilo para corresponder a algum padrão ou porque a indústria nos convenceu de que não somos adequadas o suficiente, aí, sim, está errado. Muitas vezes somos levadas a ter uma imagem falsa de nós mesmas, vendo defeitos onde não existem, e isso detona nossa autoestima.

Na internet, na televisão, no cinema, nas revistas, nos jornais, nos manequins das lojas e nas propagandas não vemos corpos parecidos com o nosso. O corpo real não é representado. Quase não há pessoas com nariz grande, quadril largo, rosto redondo, com sobrepeso, com estrias e celulite ou com mais de 60 ou 70 anos. Essas características simplesmente não aparecem. Você só vê gente jovem, magra, com cara de boneca e perfeita.

Se só vemos um tipo de beleza em todos os lugares, é claro que vamos achar nossa aparência inadequada. E sabe o que vem depois dessa constatação? As medidas desesperadas para "consertar os defeitos", a profunda insatisfação corporal, as dietas malucas. E, quando você menos espera, aparecem as doenças da beleza e da alimentação, que podem levar à ansiedade, à depressão e até à morte. Sim, cerca de 20% dos pacientes com anorexia morrem, seja porque se recusam a comer ou porque cometem suicídio. A anorexia é uma das doenças psiquiátricas mais graves que existem. As pessoas morrem ou se matam porque não conseguem aceitar o corpo que têm.

Precisamos entender que nosso corpo não está errado. Errado é "fabricar" um corpo perfeito no computador e publicar na capa de uma revista como se ele fosse apenas resultado de alimentação e exercícios. Errado é fazer gominhos na barriga no editor de imagens e postar como se fosse verdade. Errado é enganar pessoas dizendo que todo mundo pode ter um corpo igual ao da modelo. Errado é dizer que a pessoa "só faz dieta e ginástica" para exibir uma barriga negativa, quando na verdade ela toma substâncias que fazem mal à saúde para queimar gordura e produzir músculos.

Errado é o que fazem para que acreditemos que nosso corpo não é o ideal. É assim que se vende mais e se fatura bilhões no mundo todo. Segundo a historiadora britânica Louise Foxcroft no livro *A tirania das dietas*, "somos uma cultura em busca da dieta perfeita e, como prova disso, há uma porção de pessoas infelizes e inseguras por aí. Precisamos repensar, retomar uma abordagem simples [...]. Mas somos distraídos e seduzidos por promessas de resultados rápidos e milagrosos. Perdemos peso rapidamente, voltamos a engordar, então partimos para outra solução mágica. Essa é uma fórmula alimentada pela indústria da dieta simplesmente para manter as pessoas gordas".

Como vai ser muito difícil mudar o mundo da moda, a mídia, as indústrias da dieta, de medicamentos e todos os universos que já citei, precisamos lembrar que o poder de não aceitar esse padrão de beleza inatingível e de rejeitar os produtos milagrosos está nas nossas mãos. Observe o que você compra, consome, ouve, vê e como se deixa influenciar. Aumente seus filtros e não caia em truques ou ilusões.

ISABEL, 24 ANOS

"Estou cansada de me odiar, de não me aceitar. Estou cansada de odiar o meu corpo como se ele fosse imperfeito, de odiar as gorduras da minha barriga e mutilá-las com as minhas unhas e apertões, estou esgotada de odiar os meus braços gordos, as minhas coxas grossas, a minha estrutura óssea grande, os meus peitos flácidos e de me achar a pessoa mais horrível do mundo. Me sinto esgotada de tanto me reprimir, de me achar feia, sem qualidade e inferior a todas as mulheres. Enfrento um dilema com a comida. Tenho medo de comer, perdi a noção de quantidade. É angustiante. Tenho dificuldades para viver em equilíbrio. Ou me restrinjo ou me permito exageradamente. Isso não está me fazendo nada bem, não aguento mais viver assim. Eu queria conseguir ter uma vida normal, sair para jantar sem me preocupar depois, mas tenho a impressão de que nunca consigo, de que sou uma fracassada, de que todos conseguem, menos eu. Quando como algo a mais, vejo meu rosto enorme, meu corpo gordo como se tivesse engordado uns 10 quilos. Acho que é uma dor só minha e tudo o que eu queria era que me dissessem que um dia vai passar."

CAPÍTULO 8

COMENDO AS EMOÇÕES

O efeito das dietas restritivas

Nosso corpo não sabe se estamos em uma caverna pré-histórica sem ter o que comer ou de dieta no século XXI. Ele só pensa em nos proteger para não morrermos de fome. No livro *Nutrição comportamental*, as autoras discutem como nossos hábitos alimentares desregulam nosso corpo e explicam que as dietas fazem a pessoa ignorar suas vontades e as pressões internas (fisiológicas) para regulação do peso corporal.

Desde 1994, os pesquisadores Polivy e Herman publicam estudos sobre isso. Eles dizem que a dieta substitui o controle interno da ingestão (fome/saciedade) por um controle externo, planejado e determinado cognitivamente, o que pode causar desregulação no controle normal da ingestão. Esses controles externos também causam frustração (porque não comemos nossos alimentos favoritos) e estresse (porque estamos sempre lutando contra uma necessidade biológica que se chama fome).

A regulação externa do controle da fome e da saciedade é uma das explicações para compulsões, obesidade e alguns tipos de transtorno alimentar, porque, para se defender da ameaça de ficar sem gordura e comida e morrer de fome, nosso organismo gasta menos energia, acumula mais gordura e aumenta o nosso apetite. É por isso que ninguém consegue seguir uma dieta restritiva por muito tempo.

Não é falta de determinação, não é falta de vontade, não é falta de foco. É seu corpo tentando proteger você! Ele não sabe que vivemos numa sociedade que odeia a gordura e valoriza a magreza a qualquer custo. Nosso corpo quer saúde, não uma beleza forçada por uma imposição cultural de corpos magros padronizados. "A restrição é o tipo de ameaça que nossa espécie evoluiu para enfrentar. Nossos ancestrais passavam fome por necessidade. Nós passamos fome por escolha, mas nosso corpo pode não saber a diferença", afirmam os pesquisadores.

Num estudo com veteranos, soldados e prisioneiros que passaram fome durante a Segunda Guerra Mundial, Polivy e Herman descobriram que a restrição alimentar desencadeou nesses homens compulsão alimentar depois que voltaram para casa e puderam comer normalmente. Ou seja, depois de um período de privação extrema, o corpo fica tão assustado que faz você comer tudo o que pode, só para garantir, caso volte a ficar sem alimento.

A nutricionista Sophie Deram, autora do livro *O peso das dietas*, explica que fazer uma dieta restritiva é uma das coisas que mais assustam e estressam o corpo e o cérebro: "Seu cérebro não percebe a perda de peso como um sucesso estético; percebe-a como um grande perigo. Por isso, desenvolve mecanismos de adaptação para proteger você."

Ela afirma que nosso metabolismo foi formatado ao longo de milhares de anos, quando a falta de comida era comum e a busca por alimento era uma atividade prioritária. Naqueles tempos, só sobrevivia quem tinha gordura armazenada. Ainda hoje o cérebro enxerga a gordura como proteção. Ele não faz isso porque quer que engordemos, mas porque ainda não foi geneticamente modificado para entender que a magreza é o atual padrão de beleza. Nosso cérebro não sabe nada sobre esses modismos. Ele só se preocupa com saúde e sobrevivência!

Existe no cérebro algo chamado "centro do apetite". Quando você submete seu corpo a uma dieta restritiva, a ativação do centro do apetite é reforçada e você acaba sentindo mais fome, porque os hormônios e os neurotransmissores se regulam para incentivar a procura por alimentos.

Com isso, aumenta o risco de desenvolver obsessão por certos alimentos, especialmente os "proibidos", ou seja, aqueles mais calóricos. O estresse que a dieta restritiva causa também acaba transformando a comida em recompensa: você come para se recompensar por não ter comido. E como se não bastasse, o metabolismo desacelera e gasta menos energia para economizar (já que está passando por privação de alimentos, segundo o seu cérebro). Então você engorda.

Assim, após recuperar o peso que havia perdido na dieta, você se sente derrotado, sua autoestima vai ao chão, e talvez isso o leve a comer mais. Esse processo costuma acontecer com quem faz dietas rigorosas ou restritivas.

No estudo "How dieting makes some fatter: from a perspective of human body composition autoregulation", de 2015, os autores Dulloo, Jacquet e Montani afirmam que "fazer dieta pode engordar em vez de emagrecer. Esse mecanismo faz parte de um efeito adaptativo de nosso organismo, tentando defender e proteger nosso corpo da redução de energia".

Esses autores chegam, inclusive, a afirmar que as dietas podem ser responsáveis pela atual epidemia da obesidade, uma teoria que está em consonância com diversos livros e artigos nacionais e internacionais. É até difícil de acreditar nisso, porque estamos condicionados a achar que a única forma de emagrecer é restringir ao máximo a alimentação. Pensamos que cortar carboidratos, glúten ou lactose vai ser a solução dos nossos problemas com o peso, mas, na verdade, essas dietas restritivas ou da moda podem ser a verdadeira causa deles.

Permissão incondicional para comer

A primeira vez que ouvi falar sobre "permissão incondicional para comer" foi no livro *Intuitive Eating* (comer intuitivamente), das pesquisadoras americanas Evelyn Tribole e Elyse Resch. Minha reação imediata foi achar que iria ganhar muito peso se seguisse a orientação de fazer as pazes com os alimentos e me permitir comê-los. Mas à medida que fui lendo, entendi que fazer as pazes com a comida é se livrar da mentalidade da dieta. É entender que não existem alimentos "proibidos" ou "permitidos", mas que é preciso comer com moderação, sempre atento à fome e à saciedade.

A permissão incondicional para comer é quase sempre mal compreendida porque pensamos que está tudo liberado! Não é isso. Permitir-se comer de maneira incondicional é comer os alimentos de que você gosta, comer quando está com fome e parar quando estiver satisfeito. Comecei a usar esse método em maio de 2016 com uma nutricionista especializada em transtorno alimentar e ainda estou no processo de aprender a comer o que gosto, sem culpa e tentando parar quando a fome passa, ou seja, distinguindo fome de vontade de comer.

Evelyn Tribble e Elyse Resch explicam que devemos perceber os sinais físicos de fome (perda de energia, desatenção, dor de cabeça, barriga roncando) e estar alertas para os momentos em que comemos sem ter fome, só por vontade de fazer algo ou para preencher um vazio que talvez nem saibamos por que está ali (ou que sabemos muito bem, mas não temos coragem de enfrentar). A comida não preenche vazio nenhum. Por isso, mesmo que devore tudo que vir pela frente, não vai funcionar. O vazio vai continuar lá, a tristeza, a angústia e a vergonha, assim como todos os sentimentos que fazem você comer cada vez mais.

Há pessoas que emagrecem 30, 40 quilos e continuam se sentindo péssimas, só pensando em emagrecer mais. Há pessoas que conquistam o corpo com que sonham e continuam se sentindo profundamente infelizes. Eu emagreci 8 quilos há alguns anos e continuei muito triste, porque emagrecer não resolveu meus problemas emocionais e psicológicos. Como eu já disse várias vezes, a questão não está no seu corpo, e sim na sua mente. Se você não mudar o seu pensamento, o seu entendimento sobre quem é e o que realmente deseja, provavelmente vai engordar tudo de novo ou vai continuar infeliz, mesmo com o peso que considera ideal.

Perder peso não conserta a vida de ninguém. O que vai melhorar sua vida é analisar seus pensamentos, suas crenças, seus julgamentos e seus preconceitos e refletir sobre a importância que está dando à comida. A alimentação equilibrada do ponto de vista físico e emocional está diretamente relacionada à maneira como você lida com seus sentimentos.

Comer as emoções

A psicóloga Amanda Menezes Gallo me explicou que o mecanismo que sustenta essa relação entre a comida e as emoções é a repetição de um ciclo composto pelo que sentimos, pelo que fazemos com o que sentimos e pela sensação de prazer ou alívio que isso provoca.

Ou seja, ao sentir angústia, ansiedade, medo, raiva ou tristeza, por exemplo, algumas pessoas se permitem comer algo que consideram saboroso (em geral alimentos ricos em açúcar e gordura). Naquele breve momento, elas podem sentir alívio, prazer e conforto por estarem desviando o foco do sentimento desagradável. Em geral percebemos esse alívio de forma inconsciente e em uma próxima ocasião tendemos a repetir o comportamento que gerou o alívio – neste caso, comer. A etapa seguinte seria um sentimento de culpa e vergonha por ter usado a comida como válvula de escape, dando início a um círculo vicioso.

"O que precisa ser ressaltado é que, da mesma forma que o hábito de 'comer as emoções' é instalado a partir da repetição, outras atividades também podem ocupar esse lugar, mas, para isso, é necessário ampliar o repertório de atividades que despertam bem-estar, o que é algo particular e precisa ser percebido por cada indivíduo", diz a psicóloga. "Experimentar modalidades esportivas, brincar mais, encontrar pessoas queridas ou conhecer novos lugares podem ser alguns exemplos de atividades que promovem sensação de conforto, sem culpa. Neste contexto, o mais importante é não esquecermos que as emoções são parte fundamental da existência, e que é por meio delas que percebemos o mundo ao nosso redor. Emoções devem ser sentidas, e não engolidas. Quando engolimos as emoções, ficamos anestesiados emocionalmente, então a neutralidade toma conta de nós e nos tornamos robóticos."

Ao ouvir isso, me dei conta de que comia todas as minhas emoções. Comia minhas inseguranças, meus medos, minha tristeza. Por exemplo, tinha uma vergonha indescritível de não saber falar inglês. Só comecei a estudar o idioma depois dos 20 anos e tinha muita dificuldade para aprender. Fazia cursos, parava, desistia porque achava muito difícil. Frequentemente tinha pesadelos em que meus chefes me mandavam fazer entrevistas em inglês e eu era humilhada porque não entendia o que o entrevistado falava. Acordava chorando. E sempre que tinha uma entrevista em inglês, eu ficava muito nervosa e morria de medo de perder o emprego. A comida era meu anestésico para esses sentimentos.

Só que comer não me ensinou a falar inglês, não resolveu nada, só me trouxe mais sofrimento, porque, além de continuar não falando inglês, eu ficava me sentindo mais derrotada e fracassada por também não controlar o que comia.

Depois que comecei meu tratamento, resolvi o problema da única maneira possível: estudando. Estudei inglês quatro horas por dia, por 10 meses, e aprendi. Parece tão óbvio, né? Mas quando estamos afundados no sofrimento causado pelos transtornos alimentares não enxergamos nada. Nadinha.

Não se culpe se o que desencadeia seu descontrole alimentar é um problema pequeno. A gente costuma só dar atenção aos dilemas grandiosos, mas os problemas aparentemente simples podem causar um sofrimento gigantesco. Então seja generoso consigo mesmo e não se julgue. Você precisa descobrir qual é a dor – ou as dores – que está tentando aliviar com a comida.

Quando eu era mais nova, me sentia totalmente inadequada. Eu não gostava de ambientes, situações ou pessoas novas. Além da vergonha do meu corpo, tinha uma autoestima muito baixa. Na infância e adolescência, apesar de só tirar notas boas na escola e jamais ter repetido de ano ou ficado em recuperação, eu me sentia burra, achava que meu sotaque do interior era carregado, tinha vergonha de não ter os cadernos com as capas dos desenhos animados famosos e os brinquedos caros das minhas colegas. Mais tarde, com 16, 17 anos, achava que me vestia mal, me sentia inferior por não ter dinheiro como minhas amigas, que faziam intercâmbio e viviam viajando para o exterior de avião. Hoje acho tudo isso uma bobagem, mas naquela época esse sentimento me fez sofrer demais.

Quando descobri que esses eram os motivos da minha vergonha, passei a comer menos. Quando minha família simples virou motivo de orgulho, passei a comer menos. Quando entendi que a maior riqueza de uma pessoa é ser amorosa, carinhosa, generosa e honesta, percebi que sempre tive tudo o que precisei na vida, e passei a comer menos. Quando passei a admirar meu pai, que era motorista, e minha mãe, que sempre trabalhou muito duro, me tornei mais feliz, mais autoconfiante e a comida passou a ter outro papel na minha vida.

Você precisa descobrir quais são suas vergonhas, seus medos, porque talvez esteja se entupindo de comida para não enfrentar alguma dor que se esconde lá no fundo do seu coração.

Mexer em certas coisas do passado dói demais, mas o único jeito de resolver nossos problemas é aceitar que eles existem e encará-los.

Quando você estiver triste, chore! Se estiver com raiva, grite! Se estiver feliz, sorria, abrace alguém! Você não precisa comer nessas situações.

Minha nutricionista me disse uma vez: "Emoção vivida não vira comida."

Aprendi isso aos 34 anos. Nesse dia chorei pela primeira vez em uma consulta e entendi que não é errado chorar por causa do sofrimento que meu transtorno alimentar me traz. Todos nós sofremos, e nenhuma dor é maior ou menor que a outra. Cada um conhece a intensidade do seu sofrimento, e todos temos o direito de manifestá-lo. O que não podemos é usar a comida para tentar anestesiar as dores com as quais não sabemos lidar. Quando compreendi que podia chorar toda vez que não soubesse lidar com meu corpo e com a comida, também passei a comer menos. Quando comecei a colocar para fora as coisas que me magoavam em vez de aceitar tudo calada, passei a comer menos.

Na época em que vim morar em São Paulo, os almoços de domingo com a família do meu marido viraram um grande problema. Eu comia mais do que precisava, comia sem fome e não parava de comer até me sentir mal. Mas eu nunca refletia sobre o porquê desse comportamento.

Na terapia, descobri: eu comia tanto assim porque sentia falta da minha própria família. Queria que eles estivessem ali, comendo aquela comida gostosa também. Domingo era o dia que meu pai costumava fazer churrasco gaúcho, com picanha, costela, coração de galinha, e minha mãe fazia maionese de batata (que me dá água na boca só de pensar). Na minha infância, domingo também era o único dia em que podíamos tomar Coca-Cola, que eu e meus irmãos tanto amávamos.

Em Farroupilha, o domingo era dia de mesa farta, de família reunida, de ouvir música gaúcha. Era dia de festa! E, sem perceber, em São Paulo eu comia muito mais do que precisava para preencher o vazio de não ter minha mãe, meu pai e meus irmãos perto de mim. Eu estava comendo a minha saudade.

Agora que isso está claro para mim, procuro falar com eles com mais frequência. Meu irmão mais novo sempre manda fotos do churrasco; o mais velho, fotos dos meus sobrinhos, Henrique e Guilherme. Hoje eu como menos no almoço de domingo e parei de sofrer duplamente: de saudade e por comer demais.

Qualquer problema alimentar pode ser um indicativo de que não estamos bem, de que precisamos dar mais atenção a algo dentro nós. A gente come por vários motivos: solidão, rejeição, vergonha, abandono, raiva, fúria. Encontre os seus.

Já recebi mensagens de gente que come demais porque:

• não gosta do emprego;
• sofre ou já sofreu assédio moral no ambiente de trabalho;
• os filhos saíram de casa, que agora está vazia;
• o cônjuge chega tarde e não conversa;
• sente uma enorme solidão;
• os filhos estão indo mal na escola;
• alguém da família está enfrentando uma doença grave;
• está na adolescência e tem medo do futuro;
• não sabe qual profissão escolher;

- está entrando na menopausa e não sabe lidar com os sintomas;
- não tem prazer sexual;
- já sofreu assédio ou violência sexual;
- não gosta da maneira como leva a vida;
- não gosta de morar na sua cidade;
- não está feliz no relacionamento;
- queria ter mais dinheiro;
- queria se sentir feliz.

Faça a sua lista de motivos. Repare que nenhum dos exemplos mencionados tem relação com a comida – nem será resolvido com ela. Em geral, quando temos dor de cabeça, tomamos um remédio e em pouco tempo ela some. Mas quando estamos com dor na alma, no coração, não existe um comprimido que proporcione alívio imediato, e alguns de nós usamos a comida como uma panaceia. Então, sempre que pensar em comer sem ter fome, sempre que sentir "fome emocional", pare alguns minutos e pense: qual o motivo que está me levando a procurar apoio na comida?

A dor não some, ela se esconde por alguns instantes naquele sabor, naquela textura, mas logo depois que a gente engole, a dor volta muito forte e quase sempre acompanhada de culpa, o que nos faz sofrer em dobro. Usamos a comida para fazer nossos problemas desaparecerem, mas infelizmente, eles não desaparecem.

Sofrimentos do passado

Muitas vezes as pessoas comem para compensar sofrimentos do passado. Recebi muitos e-mails sobre isso: histórico de abusos, violência, solidão, falta de amor e carinho. Pessoas que sofreram abuso sexual na infância podem desenvolver anorexia ou compulsão alimentar. É uma forma inconsciente de proteção: buscam um corpo extremamente magro, ou extremamente gordo, para que ninguém jamais deseje tocá-lo.

Talvez seu transtorno alimentar seja uma forma de proteger você de algum medo ou de um trauma. Já pensou nisso?

Parar de pensar no sofrimento e nos erros do passado deve se tornar um exercício diário, assim como ficar o tempo todo se preocupando com o futuro. Quando vivemos assim, não estamos vivendo de verdade. Estamos sempre presos no passado e no futuro, um dos hábitos que pode levar à depressão e à ansiedade. Viva o dia de hoje, a felicidade de hoje, as coisas que acontecem hoje, sejam elas boas ou ruins.

Muitos autores afirmam que é impossível separar a alimentação da afetividade. Tudo o que vivemos e sentimos tem o poder de interferir no comportamento alimentar. Então, já que não podemos separar as duas coisas, precisamos aprender a lidar com elas de maneira tranquila, sem sofrimento. Como já disse, mudar a forma como nos alimentamos é um processo que requer continuidade, mas a liberdade que você adquire vale o esforço.

Mais e melhor

A comida não é simplesmente fonte de nutrição. Os alimentos têm um significado, um sentido, uma emoção, uma função diferente para cada pessoa.

Todo alimento que colocamos na boca traz consigo lembranças boas ou ruins. Não podemos negar isso, mas podemos transformar essa experiência em um momento mais sereno e menos carregado de culpa. E o jeito de fazer isso, por incrível que pareça, é se permitir comer *mais*. Mas atenção: comer mais não significa comer de maneira desmedida.

Meu tratamento é baseado nesta premissa: comer mais e melhor para conseguir comer menos. *Comer mais e melhor* significa ter refeições balanceadas, saudáveis e saborosas, com alimentos de todos os grupos alimentares, para ficar satisfeito, e não comer só aquilo de que não se gosta. *Comer menos* é ter menos episódios de descontrole. E isso só é possível quando a vida deixa de ser um eterno ciclo de restrição x exagero.

Veja bem, não sou nutricionista nem tenho formação na área da saúde. Esta não é uma nova dieta ou um método infalível para emagrecer. Estou apenas tentando mostrar como consegui começar a fazer as pazes com a comida depois de tantos anos em guerra com a minha alimentação. Precisei aprender a ouvir e a confiar no meu corpo. Nosso corpo é capaz de nos avisar quando estamos com fome e quando a fome passou, mas temos que saber ouvi-lo.

Hoje eu não faço mais dieta porque estou aprendendo a identificar:

- quando estou com fome;
- do que estou com fome;
- se é fome ou se é vontade de comer;
- se é fome ou é sede;
- quando estou satisfeita (antes de ficar cheia/*sdjonfa*);
- quando estou apenas com vontade de comer algo gostoso.

Como qualquer outro passo no processo de recuperação, esse não foi fácil. Comecei a ouvir o meu corpo e a comer (teoricamente) sem culpa. Consegui ficar dois meses sem me pesar, algo que era inédito na minha vida. Entendi que poderia fazer minhas refeições com tranquilidade e me permitir consumir os alimentos que eu considerava proibidos, como doces e carboidratos. Pensei que finalmente tinha feito as pazes com a comida, mas não foi bem assim. Percebi que estava engordando e fiquei com muito medo de subir na balança. Quando vi o resultado, foi desesperador, e acabei voltando a me pesar com frequência. Em três meses, engordei 3 quilos, depois mais três.

Como já contei, tinha muito medo de comer carboidrato, principalmente pão (eu amo pão!), então eu e minha nutricionista decidimos que era preciso reintroduzir o carboidrato na minha alimentação. Nos primeiros meses, o plano era comer pão duas vezes por semana no café da manhã e incluir uma porção de carboidrato no almoço e no jantar, sempre respeitando a minha fome física. Assim eu não engordaria e começaria a ter uma relação mais equilibrada com esses alimentos.

Infelizmente, não consegui fazer isso. Eu não sabia lidar com pouco carboidrato. Deu certo por uma semana, depois não consegui mais me controlar. Algo disparou dentro de mim e passei a comer pão, massa, batata, sobremesa e doces quase todos os dias. Não conseguia parar. No início, fazia isso sem culpa, porque, em tese, fazia parte do meu tratamento. Mas a cada quilo que eu aumentava a culpa vinha com tudo.

O fim de 2016 foi muito difícil para mim. Meu corpo estava 6 quilos mais pesado e isso gerava um enorme sofrimento. Pensei em desistir do tratamento, voltar para a dieta de 800 calorias e cortar novamente o carboidrato. Parecia que havia duas pessoas dentro de mim; uma desejando a extrema magreza a qualquer custo e a outra querendo amar o corpo do jeito que ele é e viver em paz dentro dele.

Mas desta vez não desisti. Entendi que para ficar em paz eu teria que aceitar os quilos a mais e a dificuldade de me controlar.

Um degrau por vez

Parece um método arriscado, principalmente para quem está (sempre) querendo emagrecer. Mas o processo de retomar o controle do apetite e de se sentir bem consigo mesma passa por parar de fazer dietas restritivas e começar a comer de forma intuitiva. É necessário ouvir seu corpo e respeitar sua fome, assim você poderá decidir *quando* comer, *o que* comer e *quanto* comer.

E o que vai acontecer quando você fizer isso? Não sei. Você pode engordar, emagrecer ou ficar com o mesmo peso. Não há como prever. Mas essa foi a forma que eu encontrei de comer sem sofrimento, sem julgamentos e em paz, equilibrando uma alimentação saudável e prazerosa. E funcionou para mim. A partir de janeiro de 2017 comecei a comer menos, porque entendi que a minha fome acaba no primeiro prato. Não tenho mais vontade de comer doces todos os dias. Assim, naturalmente, em dois meses perdi 2 quilos.

Não conquistei o peso que desejava, mas conquistei outra coisa: agora me sinto mais saudável, tenho mais energia e não fico tão cansada como antes. Até minhas unhas e meu cabelo estão mais fortes! E o mais importante foi que passei a aceitar que meu corpo é como ele é – e ponto final.

Fazendo as pazes com a alimentação

Não sou mais aquela mulher que colocava a vida em risco para ser magra. Sou uma mulher mais madura, que está aprendendo a ser feliz e a ficar em paz com o corpo e com a alimentação, sem depender de um número na balança. Para mim, esse processo envolve três pilares:

Os pensamentos: rejeitar a mentalidade de dieta, desafiar o cruel fiscal alimentar que existe dentro de nós, respeitar nosso corpo e os sinais que ele dá, acreditando nesse poder e sendo honesta em relação às sensações de fome e saciedade.

Os sentimentos: sentir as emoções, não comê-las, não transformar os sentimentos em algo de comer.

As comparações: saber que não existe corpo melhor ou pior que o seu. Ele é único, é um reflexo da sua vida, das suas experiências e emoções, e, exatamente por isso, *não tem comparação* com nenhum outro corpo. Os modelos atuais de beleza, as recomendações nutricionais e de saúde e os modismos alimentares influenciam muito nossa autoimagem, mas precisamos deixar tudo isso de lado. Livre-se dos padrões que a sociedade tenta impor sobre comida e corpo.

Só você tem a sabedoria interna para regular a sua alimentação, para ouvir a sua fome. Você já tem todas as ferramentas de que precisa para comer com equilíbrio e prazer. Por isso é necessário libertar-se dos falsos conceitos de alimentação saudável. Aprendi que alimentação saudável é aquela que faz bem para o corpo e para a mente. Se você só come salada e carnes magras sofrendo, vai continuar infeliz. Seu corpo até pode ficar saudável e magro, mas o sofrimento jamais vai deixar a sua mente estar saudável e em paz à mesa. Saúde também é ter paz na hora das refeições.

Claro que esse é um processo que gera muito medo e insegurança, especialmente se você está aprisionada em dietas há muito tempo. Eu senti um medo gigantesco quando iniciei o tratamento. Mas a minha nutricionista disse: "Não tenha medo da sua fome. A fome é natural e saudável! Quanto mais medo da sua fome você tiver e menos comer, mais seu cérebro vai aumentar o seu apetite, pensando que você não escutou os sinais dele. Vai ser muito mais difícil se controlar depois."

"Confie no processo"

Era isso que a nutricionista sempre me dizia. Por isso eu digo o mesmo a você: confie no processo, não desista, mesmo quando o medo de engordar for insuportável.

Se você assistir aos meus vídeos feitos entre julho e dezembro de 2016, talvez não perceba que engordei, mas certamente vai notar que, aos poucos, fui usando roupas mais claras, mangas mais curtas, até gravei um vídeo de saia curta. Naquela época voltei a comer alimentos que não comia havia anos.

Mas tive vários dias de tristeza, em que chorei muito. Fiquei com vontade de deletar alguns vídeos porque estava com vergonha de ter engordado, porque me sentia uma fraude, porque achava que tinha a *obrigação* de me aceitar e isso não acontecia.

Nossa mente pode ser nossa pior inimiga. Mas aprendi que temos a capacidade de mudar o que se passa em nossa mente. Os pensamentos pessimistas podem ser transformados em pensamentos positivos, em respeito, aceitação, amor, autocompaixão. Acabe com o hábito de pensar e falar coisas ruins a seu respeito. Isso não muda apenas a maneira como você trata o seu corpo – muda também a maneira como vive a sua vida.

• • •

Depois de tudo o que aprendi, finalmente cansei de esperar para ser feliz com meu corpo e com a comida. Mas isso não significa que virei uma chave e passei a gostar do meu corpo de um dia para o outro. Foi uma *longa* e *dolorosa* jornada. Escolhi esses dois adjetivos cuidadosamente porque não vou enganar você com falsas promessas, dizer que descobri a fórmula mágica para o amor-próprio e para a aceitação corporal. Não acredite em ninguém que diga que isso é fácil e rápido.

Estou dividindo com você meu caminho e minhas descobertas, e não significa que a minha experiência vai resolver seus problemas. Desejo apenas que meu relato seja como uma sementinha de amor e autocompaixão que tenha a chance de germinar no seu coração.

E é com o coração que espero que você leia as páginas a seguir.

FERNANDA, 26 ANOS

"Eu odeio meu corpo. Eu odeio a minha barriga. Remédios, cirurgia plástica, diuréticos, laxantes, etc., sempre fizeram parte da minha história. Por muitos anos, achei que tudo isso era normal. Afinal, qual o problema de uma pessoa gorda querer ter um corpo bonito? Por que é errado querer ser magra? Eu achava que, quando emagrecesse, tudo ia ficar bem. Mas nunca ficou. Penso no meu peso 24 horas por dia. As pessoas não fazem ideia de quanto sofro. E por que eu não conto? Porque elas acham que tenho controle sobre isso. Só que as coisas não são simples assim. Eu queria ser feliz e me aceitar. Queria não me preocupar tanto com a minha barriga. Queria me amar. Mas eu não consigo. Então o que faço para me ajudar? Tento emagrecer! Meu marido, que é cirurgião plástico, não entende que eu preciso comer menos, pois tenho muita facilidade para engordar. Ele briga comigo quando eu não como, quando faço dietas restritivas. Fico irritada com ele por isso, achando que ele não me ama. Se me amasse de verdade, me deixaria fazer minhas dietas e tentar perder peso. Não sei o que fazer. Mesmo que eu procure ajuda e seja diagnosticada com transtorno alimentar, todos vão continuar achando que preciso apertar um botão e mudar meu jeito de pensar sobre mim mesma. As pessoas não entendem esse tipo de sofrimento, que, infelizmente, é mais comum do que a gente imagina."

CAPÍTULO 9

PERMITA-SE SER VOCÊ

Para que serve um corpo perfeito?

Quando eu finalmente entendi que meus problemas com o corpo, o peso e a comida estavam na minha cabeça, descobri várias coisas:

- Que eu julgava o corpo dos outros o tempo todo e por isso me julgava tanto.
- Que existem duas palavras cujo real significado eu nunca soube: compaixão e autocompaixão.
- Que, se não parasse de me autojulgar e de ter vergonha do meu sofrimento, nunca iria melhorar.
- Que eu precisava me voltar para mim mesma, parar de me comparar com os outros e aprender a amar e a respeitar meu corpo.
- Que sozinha eu não iria conseguir fazer tudo isso!

Uma das conversas mais importantes que tive com a minha psicóloga começou com uma pergunta muito simples, talvez óbvia, mas que abriu minha cabeça:

– Daiana, para que serve um corpo perfeito?

– Ué, que pergunta! Para tudo, oras! O corpo perfeito serve para ir à praia, para usar roupas justas e claras, para ficar com os braços de fora, para não sentir vergonha... Para... Para... Para... – Eu não tinha mais respostas.

– O que você vai fazer com o corpo tão magro e perfeito que tanto quer?

– Tudo! – respondi rapidamente. – Minha vida vai mudar, eu vou ser mais feliz! Vou poder ir à praia, usar roupa justa, deixar os braços de fora, não vou mais sentir vergonha, vou... vou... hum... vou... vou... vou... hum... – E minhas respostas acabaram de novo.

Nesse momento tive um insight. Para que mesmo eu queria um corpo perfeito? De repente me dei conta de que, definitivamente, eu não precisava de um corpo perfeito para nada! Aliás, mais que isso: descobri que a expressão "corpo perfeito" é completamente vazia e não pode determinar nada na nossa vida.

Ficou claro que minha antiga regra, que dizia que eu não podia usar biquíni, braços de fora, roupas justas, curtas e de cores claras, tinha sido criada por mim mesma.

Onde está escrito que é proibido usar esse tipo de vestimenta se você não é magro? Onde está escrito que quem está acima do peso deve se esconder e sentir vergonha do corpo?

Em lugar nenhum. Porque isso não é verdade.

Assim, por que vou permitir que a indústria da moda, da beleza, os estilistas, as revistas, a indústria das dietas, as blogueiras, a internet, as redes sociais, a televisão e o cinema me digam como meu corpo deve ser?

Por que devemos continuar permitindo que os outros ditem como temos que ser e interfiram em uma coisa que é só nossa?

Danem-se os estilistas que só usam modelos magras e altas nos desfiles. Dane-se a publicidade que só valoriza magras e brancas. Danem-se as lojas que não têm manequins com tamanhos reais. Danem-se os sites de fofoca que publicam todos os dias matérias superficiais como "Fulana exibe corpo perfeito", "Fulana exibe quilinhos a mais" ou "Fulana exibe celulite". Danem-se as revistas de dieta, de malhação, de moda e de comportamento que transformam as mulheres em objetos padronizados. Danem-se as editoras que só usam um tipo de corpo nas capas de revista para vender mais.

Quem disse que esses corpos estão certos e todos os outros, errados?
Quem disse que o "corpo perfeito" é magro ou tem músculos definidos?
Quem disse que é errado ter celulite e estria?
Não é errado. Definitivamente, não é.

Quando tudo isso ficou claro para mim, compreendi que eu precisava deixar de lado as crenças que me aprisionaram por tanto tempo. Percebi que minha relação com a comida funcionava segundo este padrão:

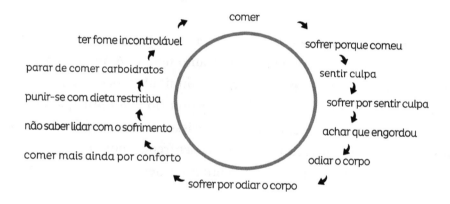

Interromper esse círculo vicioso foi um processo difícil e extremamente lento. Por muitos anos, achei que seria impossível vencê-lo. Comecei, desisti, voltei para os remédios, chorei, sofri, perdi a vontade de viver, pensei que não tinha forças para enfrentar o problema, desisti de novo, mas acabei seguindo em frente. Aprendi que as derrotas fazem parte da vida e que os fracassos são fundamentais para a mudança.

Aprendi, principalmente, a ter paciência. Afinal, foram quase 30 anos odiando meu corpo e 22 anos em guerra com minha alimentação. Eu precisaria ter serenidade para seguir esse caminho cheio de altos e baixos. Uma transformação tão profunda não aconteceria em dias, semanas ou meses. Ao longo desse caminho, vivi uma jornada de crescimento e auto-descoberta, que chamei de *Permita-se ser você*.

Permita-se ter um problema

Antes de dar início ao processo de mudança da minha relação com a comida e com o corpo, eu precisava aceitar que tinha um problema. Não é crime nem pecado ter um problema emocional, e isso não faz você pior do que ninguém. O problema não vai desaparecer sozinho se fingirmos que ele não existe. Podemos até esquecê-lo por um tempo no fundo de uma gaveta imaginária, mas em algum momento o sofrimento causado por ele se tornará insuportável e precisaremos enfrentá-lo. Então é melhor admitir que ele existe enquanto ainda não causou um estrago muito grande.

Depois de aceitar que tem um problema, você precisa acolhê-lo com carinho, não com ódio, como eu fiz por tanto tempo. A autocompaixão vai ajudar você a não julgar sua dor, não diminuí-la nem desprezá-la. Muitas vezes, a maior expressão do amor-próprio é admitir que precisamos de ajuda. Não sofra em silêncio. Precisamos acolher e dar voz aos nossos sentimentos, não escondê-los. Se não enfrentarmos nossos medos, angústias e inseguranças, nunca nos sentiremos bem com nós mesmas.

Aceite seu problema com a comida

Nunca achei que eu tivesse transtorno alimentar. Para mim, meu desequilíbrio em relação à comida era um sinal de fraqueza, não de doença. Eu pensava demais sobre o que comer, quanto comer, quantas calorias ingerir... Passava o tempo todo tentando comer menos e vivia em dieta. E ficava com raiva quando sentia fome, porque achava que não *deveria* sentir fome. A alimentação para mim era uma fonte inesgotável de culpa e frustração.

Quando comecei meu tratamento e minhas pesquisas sobre o assunto, descobri que tudo o que eu pensava sobre ser saudável estava errado. O que é ser saudável, afinal? É comer menos, é não comer, é só comer legumes e verduras? É abrir mão de todas as comidas que dão prazer e conforto porque engordam?

Entrevistei a psicanalista Patricia Gipsztejn Jacobsohn para um vídeo no meu canal e ela me esclareceu muita coisa sobre o equilíbrio alimentar. Segundo ela, a definição mais comum de alimentação normal é "um comer que propicie saúde". E saúde, de acordo com a Organização Mundial da Saúde, é um conceito que abrange o completo bem-estar físico, emocional e social. "Assim, comer de forma adequada não está relacionado apenas à manutenção da saúde, mas também a um comportamento flexível e que traga satisfação. Eu sempre me pergunto: é mesmo saudável ir a uma festa de criança e não comer nenhum brigadeiro? É saudável você não se permitir compartilhar uma pizza com seus amigos no domingo à noite? Será que isso é que é saudável?", questiona.

Ao ouvir esse comentário, lembrei do que aconteceu no meu aniversário de 31 anos. Minha sogra, que amo muito e é como minha segunda mãe, preparou um jantar incrível, com todas as comidas e doces que ela sabia que eu adorava, e sabe o que eu fiz? Não comi quase nada. Tinha acabado de dar início a uma dieta hipocalórica, então comi apenas alface, um pedacinho de carne e um pouco de gelatina diet. Cantaram parabéns, apaguei as velinhas no bolo maravilhoso que ela havia comprado e não comi nenhum pedaço. Quase morri de tanta vontade.

Hoje percebo como eu estava errada e doente. Hoje entendo que não faz sentido que comer docinhos em uma festa, bolo no dia do aniversário ou chocotone no Natal seja algo proibido. Não é errado e pode ser, sim, considerado saudável, desde que o ato de comer esteja acompanhado de prazer e satisfação, e não de culpa e sofrimento.

No livro *Intuitive Eating*, Evelyn Tribole e Elyse Resch explicam que sua relação com a alimentação não é tranquila se você tem o hábito de:

- Cortar carboidratos.
- Comer somente alimentos considerados "seguros".
- Permitir-se comer em apenas alguns horários do dia.

- Não se permitir comer depois de determinado horário, mesmo que esteja com fome (por exemplo, quando você sacia sua fome à noite tomando café ou bebidas dietéticas).
- Competir com outra pessoa que está fazendo dieta (comendo de forma semelhante em restaurantes ou eventos sociais).
- Cortar o glúten com o único objetivo de perder peso.
- Só se permitir comer se fizer determinada quantidade de exercício.

Quando compreendi isso, me dei conta de tudo o que havia de anormal na minha alimentação:

- Eu comia em resposta a todas as emoções (raiva, tristeza, alegria, solidão).
- Eu continuava a comer depois de me sentir satisfeita.
- Comia muito rápido, vorazmente, e engolia os alimentos sem saboreá-los.
- Enchia bem o talher para colocar o máximo possível de alimento na boca.
- Não era mais capaz de sentir os sinais de fome e saciedade do meu corpo.
- Tinha medo de sentir fome.
- Quando engordava, ficava dias comendo muito pouco como forma de punição.
- Sentia uma culpa terrível quando comia algo que considerava proibido.
- Fazia dietas super-restritivas por muitos dias e depois comia em quantidades exageradas, simplesmente porque sabia que no dia seguinte voltaria para a dieta ou compensaria fazendo exercícios exaustivos ou fazendo uso de medicamentos prejudiciais à saúde.

Isso tudo indica um relacionamento problemático com a comida, um comportamento que não é exclusivo de quem tem transtorno alimentar. Já existem pesquisas sobre o que os especialistas chamam de *comer transtornado*, que é um "meio do caminho" entre o comer normal e o transtorno alimentar.

O comer transtornado caracteriza-se por comportamentos como:

- Viver de dieta.
- Pensar em comida o tempo todo.
- Excluir grupos alimentares.
- Tomar medicamentos ou suplementos sem indicação médica.
- Controlar excessivamente a alimentação.
- Pular refeições com frequência.
- Nunca se permitir comer o que gosta.
- Contar as calorias de tudo o que consome.
- Pesar-se com frequência exagerada.
- E muitos outros hábitos que parecem inofensivos, mas que podem trazer sérias consequências clínicas, psicológicas e sociais a longo prazo.

Eu não sabia o que era comer "normal", sem culpa, sem sofrimento. Aliás, nem sabia que isso existia, até que li a definição da renomada nutricionista americana Ellyn Satter sobre o que isso significa:

- Comer normal é ser capaz de comer quando está com fome e parar quando ficar satisfeito.
- Ser capaz de escolher os alimentos de que você gosta e comê-los até aproveitá-los suficientemente, e não só parar porque você acha que deveria.
- Ser capaz de pensar um pouco para selecionar alimentos mais nutritivos, mas sem ser tão preocupado e restritivo a ponto de não comer os alimentos mais prazerosos.
- Permitir-se comer, às vezes, porque está feliz, triste ou entediado, ou apenas porque é gostoso.
- Na maioria das vezes, fazer três, quatro ou cinco refeições por dia, ou deixar a sua fome guiar quantas vezes vai comer.
- Deixar de comer um pedaço de bolo hoje porque você pode comer mais amanhã ou então comer mais agora porque ele é maravilhoso enquanto ainda está quentinho.

- Comer em excesso às vezes e depois se sentir estufado e desconfortável, e também comer pouco de vez em quando, mesmo desejando comer mais.
- Confiar que seu corpo conseguirá corrigir os pequenos "exageros" da sua alimentação.
- Ter consciência de que a comida requer um pouco do seu tempo e da sua atenção, mas saber que ela ocupa apenas uma entre tantas outras áreas importantes de sua vida, não sua vida toda.
- Saber que a alimentação é flexível, varia de acordo com suas emoções, sua agenda, sua fome, sua proximidade com a comida e seus sentimentos.

Para nós, humanos, a comida é muito mais do que uma necessidade básica de sobrevivência. Quando a mãe amamenta seu bebê, não está transmitindo só o alimento: está transmitindo amor, proteção, prazer, afeto, carinho, cuidado. É por isso que buscamos conforto na comida. E ela é capaz de nos dar, sim, um alívio imediato. Mas, como explica a psicanalista Gabriela Malzyner, precisamos entender que a comida não vai preencher nosso vazio: "Temos que buscar respostas para as questões que nos angustiam. Quando você está desconfortável, antes de atacar um bolo de chocolate, é preciso se perguntar: o que está causando esse desconforto?" De fato, o chocolate propicia uma sensação de prazer, mas não elimina a fonte do problema.

É o que diz também a escritora Geneen Roth: "Quando você entender que comer não vai salvar a sua vida, não vai resolver a situação quando você se sentir exausto, sozinho ou triste, você vai mudar a sua relação com a comida." Eu acredito muito nisso. No momento em que aprendemos a enfrentar nossos fantasmas, a respeitar nossos sentimentos e a encarar o problema real, a comida deixa de ser uma muleta para aliviar o sofrimento.

Aceite seu problema com o corpo

Depois que consegui compreender a minha relação terrível com a comida, o passo seguinte foi reconhecer que eu odiava meu corpo porque tinha vergonha dele. Quando falamos de dificuldade para se aceitar e ser feliz com a própria aparência, costumamos confundir o excesso de vaida-de com o sofrimento que paralisa e prejudica a vida da pessoa. A linha que separa a vaidade da doença é tênue e nem sempre clara. Todo mundo quer se olhar no espelho e gostar do que vê. Todo mundo tem alguma coisinha no corpo que gostaria de mudar. Mas quando esse tipo de preocupação começa a ocupar um espaço muito grande na vida de alguém, isso pode ser um sinal de alerta. Veja se você se reconhece nos exemplos a seguir:

- Você já deixou de ir à praia porque estava se sentindo gorda e evita que as pessoas a vejam de biquíni ou maiô?
- Você já deixou de ir a festas, aniversários, casamentos ou eventos por-que estava se sentindo gorda e ficou com vergonha dos olhares alheios?
- Já desmarcou encontros com amigos que não via há algum tempo por-que estava com medo de que eles percebessem que você engordou?
- Já evitou ficar nua na frente do seu companheiro?
- Já colocou um pijama gigante para dormir não porque estava frio, mas porque não queria que seu companheiro visse seu corpo?
- Deixa de usar roupas sem manga ou tomara que caia porque acha que a gordura das axilas aparece?
- Deixa de usar saias e vestidos porque a celulite aparece quando você cruza as pernas?
- Você já chorou na frente do espelho porque experimentou todas as roupas e não encontrou nenhuma que escondesse suas gorduras?
- Já chorou em provador de loja porque nenhuma roupa ficou boa?
- Você já passou horas tentando escolher uma roupa e só conseguiu sair de casa toda de preto?
- Já passou calor porque estava quente e você estava de manga compri-da? Ou porque não queria tirar o casaco pois a camisa de baixo era muito justa?
- Deixou de ir trabalhar porque não conseguiu sair de casa, com vergo-nha de que todos percebessem que você engordou?
- Para você, comprar roupas é um grande sofrimento, porque nada cai

bem, nada esconde o que precisa ser escondido, nada veste como você gostaria?

- Compra roupas de tamanho menor porque acha que assim vai se forçar a emagrecer?
- Deixa de usar o cabelo preso ou curto porque acha que o cabelo solto ou longo faz você parecer mais magra? Sente-se protegida ou escondida pelo seu cabelo?
- Tem certeza de que as pessoas magras são felizes e não têm problemas em se vestir e olhar no espelho?
- Sonha com o dia que emagrecer para começar a ser feliz com seu corpo?

Responder sim a várias dessas perguntas pode significar que você tem algum problema para aceitar seu corpo e que talvez precise de ajuda. Fique atento aos sinais.

Permita-se pedir ajuda

Depois que eu me permiti ter um problema, em seguida me permiti pedir ajuda. E sugiro que você faça o mesmo. Compartilhe sua dor. Encontre alguém de confiança para conversar sobre seus medos e sua tristeza, sobre o sofrimento com seu corpo, a angústia de se sentar à mesa a cada refeição, a ansiedade que faz você acordar de madrugada e comer tudo o que encontra pela frente, ou qualquer que seja o seu caso.

Ache alguém com quem se sinta à vontade para falar sobre seus sentimentos abertamente, sem julgamentos, sem preconceitos, sem rejeição: pode ser uma amiga, um irmão, uma prima, o marido, a mãe, o pai, o terapeuta, o psicólogo, o psiquiatra ou o médico de confiança. No meu caso, encontrei esse porto seguro no meu marido e na minha amiga Amanda, que foi a primeira a entender o tamanho da minha dor.

Procure alguém que ouça você com o coração. Alguém que olhe nos seus olhos com amor e que faça você se sentir à vontade para contar cada detalhe do seu sofrimento, da dor no peito, do frio na barriga, das vezes em que sentiu que ia enlouquecer. Muitos dias na sua vida você se sentiu assim, não sentiu? E o que fez? Falou sobre o seu sentimento, chorou? Pensou sobre o que estava acontecendo? Colocou a angústia para fora de alguma forma? Ou apenas comeu?

Eu sempre comia. Mas descobri que, às vezes, só de conversar com alguém ou escrever sobre o sofrimento, nos sentimos melhor. Hoje em dia alivio minha angústia escrevendo, falando e chorando. Encontre sua própria forma de fazer isso. Eu tinha muita vergonha de chorar, principalmente na frente dos outros. Quando me permiti abrir o coração e deixar as lágrimas caírem livremente, tirei uma tonelada de dor dos meus ombros. Permita-se fazer o mesmo.

E, por favor, tenha coragem de pedir ajuda médica ou psicológica. Anorexia, bulimia, compulsão, dismorfofobia, comer transtornado, outros transtornos alimentares e outras doenças psiquiátricas ou psicológicas têm tratamento! Não é demérito algum admitir que precisa de ajuda – pelo contrário, é um sinal de força e de amor-próprio. Mas cuidado: procure profissionais que tenham experiência na área, porque existem nutricionistas que apenas prescrevem dietas da moda, e isso só vai piorar a situação.

Demorei dois anos para parar de descontar meus sentimentos na comida, mas cada um tem seu tempo e seu modo. Você pode demorar mais ou menos, pode conseguir sozinho ou com ajuda profissional. Eu precisei de ajuda. Se você quer mesmo consertar a forma como se relaciona com a comida, precisa tentar. As coisas não mudam se não dermos o primeiro passo. Por mais difícil que seja.

Permita-se mudar seus pensamentos

Tire a sua vida do piloto automático e pare de pensar todos os dias que você é inadequada, ou feia, ou incapaz, ou insuficiente, ou tudo isso junto. Pare de se chamar de burra, fraca, incapaz, fracassada, feia, baleia, elefanta, bruxa, monstro, descontrolada. Pare de usar palavras negativas contra si mesma. Pare de se machucar tanto! As palavras têm muita força e, se você repetir isso todos os dias, vai acabar acreditando. Sabe quais são as consequências de ser tão cruel e dura consigo mesma? Você acaba se sentindo mais fraca, derrotada, triste, desmotivada, mais estressada, mais depressiva. É preciso mudar nosso padrão de pensamentos e atitudes para algo positivo, destruindo conceitos falsos sobre nosso corpo e sobre a pessoa que somos.

Precisamos parar de nos comparar aos outros e desenvolver a autoaceitação, o autorrespeito, a autocompaixão e o amor-próprio. Mas isso só acontece quando paramos de acreditar que não temos nada de bom. Concentre-se em suas qualidades, não em seus defeitos. Pare de pensar que a beleza dos outros é melhor que a sua. Ela não é! Não é melhor nem pior, é apenas diferente.

Precisamos aceitar o corpo que nos pertence. Parece que nossa vida é uma jornada em busca do corpo dos outros: "Ah, eu queria a bunda da fulana, as pernas da sicrana, o rosto da beltrana." Pensar dessa forma só traz mais frustração.

Queira ser você! Permita-se ser linda como você é. Queira ter a *sua* bunda, as *suas* pernas, o *seu* rosto. E pare de pensar e verbalizar que eles são feios ou defeituosos. Sabe como vai aprender a gostar do seu corpo? Somente no momento em que aceitá-lo como ele é.

Ocupe o seu corpo. Pegue-o de volta. Volte a morar nele. Cuide dele. Goste dele.

Quando voltar a ocupar seu corpo e começar a sentir que ele é o seu lugar no mundo, que é o seu espaço, que é único e lindo, você vai aprender a respeitá-lo.

Se continuar permitindo que os outros tentem moldar sua aparência de acordo com um padrão "ideal", vai ser difícil se amar e se aceitar de verdade. O corpo é seu. Portanto, os padrões têm que ser seus. Não espere perder sei lá quantos quilos para começar a cuidar bem de si mesma. A primeira mudança precisa acontecer na sua cabeça.

Sempre que se olhar no espelho e se sentir triste por causa da sua aparência, troque o filtro que colocou diante dos olhos e veja a sua real beleza. Aos poucos, tente substituir os pensamentos negativos automáticos do tipo "Sou feia / meu cabelo é ruim / minha pele é marcada / minha bunda é mole / meu nariz é grande/ meus olhos são pequenos / minhas estrias são horríveis/ estou cheia de celulite / sou muito gorda / muito magra/ muito baixa/ muito alta..." por pensamentos positivos.

Seja generosa consigo mesma e procure a beleza nas partes do seu corpo de que você ainda não gosta tanto. Quem disse que essas partes são feias? Seu nariz grande faz parte da sua personalidade. Acha seus olhos pequenos? Isso não é um problema, é uma característica só sua, exclusiva, ninguém tem os olhos iguais aos seus! As estrias são lembranças de uma vida que você gerou, do seu desenvolvimento na adolescência ou dos quilos que você ganhou, e daí? São marcas da sua história. Tem celulite? Tudo certo, é difícil achar uma mulher que não tenha.

Houve uma época em que odiava tanto meu corpo que não conseguia nem olhar para ele. Então tirei todos os espelhos de casa. Só fiquei com um de rosto no banheiro para escovar os dentes e me maquiar de manhã. Pensei muitas vezes que havia nascido no corpo errado, mas finalmente entendi que não posso mais vê-lo desse jeito. Ele tem gorduras? Tem. Tem celulite? Tem. Tem estrias? Sim? Mas estou aprendendo a amá-lo exatamente como ele é.

É importante eliminar o hábito de sempre pensar coisas ruins sobre nós mesmas. Aprenda a se sentir bem na própria pele. Seja grata pelo corpo que você tem. E faça disso um exercício diário. Não é fácil, mas tudo começa com o desejo genuíno de mudar sua maneira de pensar.

Permita-se ser grata pela sua vida

Costumamos só olhar a parte negativa da vida. Esquecemos de olhar e de valorizar a parte boa. Ser grata pelo que você tem é uma das melhores maneiras de mudar o foco e se afastar da negatividade. Mas lembre-se: isso não tem nada a ver com bens materiais. Se você não tiver gratidão pelas coisas simples da vida, o dinheiro não vai servir para nada.

Certa vez, li um artigo do jornalista Eric Barker, no site da revista *Time*, sobre rituais que fazem a gente se sentir mais feliz. Adotei um deles para a minha vida: escrever, todos os dias antes de dormir, três coisas boas que aconteceram e agradecer por elas. Da primeira vez, peguei um caderninho, pensei, pensei, e a minha primeira reação foi: *Putz, não aconteceu nada de bom hoje.*

Tentei desligar o piloto automático da negatividade, que sempre foi muito forte na minha mente, e percebi que em todos os dias acontecem pequenas maravilhas. Então escrevi:

- Obrigada pela aula de inglês.
- Obrigada pela comida gostosa do almoço.
- Obrigada pelo banho quente e por ter uma toalha macia para me secar.

E assim comecei o meu Caderninho da Gratidão. Deixo-o ao lado da cama e todo dia escrevo três coisas que me fizeram feliz. Às vezes eu esqueço, outras tenho preguiça ou só lembro quando já estou quase pegando no sono. É natural. Mas tente anotar todos os dias para ler depois; é a parte mais legal.

Você pode agradecer por qualquer coisa: por ter comida na mesa, por ter uma família maravilhosa, pelo sorriso de uma criança, por ter uma casa confortável para morar, por uma piada que alguém contou e fez você dar muita risada, por simplesmente estar vivo. Mesmo naqueles dias em que tudo dá errado, sempre há muitas coisas para agradecer.

Faça o teste.

Seja grata pelo corpo que tem hoje, não importa a forma dele. Só somos capazes de cuidar bem daquilo que amamos. Portanto, ame-se com compaixão e sem julgamentos. Esse é um passo fundamental para começar a cuidar de si mesma.

Permita-se gostar de si mesma

Precisamos reaprender a ser amáveis com nós mesmas. Com frequência, somos gentis com os outros e cruéis conosco. Quantas vezes você disse a outra pessoa como ela é linda? Por que não consegue dizer para si mesma que é bonita, competente, forte, inteligente, que é suficiente? Trate-se com carinho, com compaixão, gentileza, amor, paciência, delicadeza, generosidade. Você não trata as pessoas que ama dessa forma? Então por que se trata com ódio, impaciência, rigidez?

Você chamaria alguém de baleia, porca, gorda, preguiçosa, sem determinação, fracassada, incapaz de conter os próprios impulsos e se controlar? Teria coragem de fazer isso? Então por que faz com você?

Desde que escrevi aquela terrível carta para mim mesma em dezembro de 2014, percebi que transferir meus sentimentos para o papel aliviava meu sofrimento. Então passei a fazer isso sempre que precisava desabafar. Registrava minhas pequenas vitórias, frustrações e esperanças. Mas o tom pesado que eu costumava usar quando descrevia meus momentos de fraqueza é um exemplo de como podemos ser impiedosas com nós mesmas:

Estou em pânico. Engordei 3 quilos. A sensação é de que engordei muito e me vejo imensa. Toco no meu corpo e me sinto muito gorda, uma baleia, e junto com essa sensação vem o sentimento de fracasso, de descontrole, de incapacidade, que gera mais ansiedade, e eu só sei reagir a tudo isso de um jeito: comendo. Eu me sinto fracassada por isso. Eu tinha parado de odiar o meu corpo, mas hoje voltei para a estaca zero. Odeio meu corpo de novo e odeio ser assim.

Escrevi isso em julho de 2016. Eu já fazia terapia havia mais de um ano, tinha melhorado em alguns aspectos, mas a frustração por não conseguir me controlar era tão grande que, quando escrevia, só conseguia manifestar palavras raivosas.

Claro que não é possível dizer a si mesma: "Ok, a partir de hoje vou começar a me amar e só falar coisas boas sobre mim." Sabemos que não funciona assim, mas o importante é nunca desistir. Decidi que iria tentar me aceitar – e também aceitar o fato de não conseguir fazer isso tão facilmente.

É muito difícil se sentir segura, autoconfiante, bonita. Para mudar isso, não basta fazer seu intelecto entender. Você precisa fazer seu coração sentir, e uma forma de conseguir isso é exercitando a gratidão e a autocompaixão.

Você consegue imaginar sua vida sem estar em guerra com o corpo? Já pensou na incrível possibilidade de gostar do seu corpo? De achá-lo bonito? Consegue imaginar uma vida sem contar calorias e sem dividir os alimentos nas categorias "proibido" e "permitido"? Sem tentar entrar em um número menor de roupa? Você já parou para pensar que não existe absolutamente nada de errado com seu corpo?

Quando você era criança, antes de a sociedade lhe dizer que você era gorda ou feia, como se sentia? Provavelmente não se lembra desse sentimento, mas se lembra da primeira vez e de todas as outras em que alguém fez um comentário negativo sobre a sua aparência. A sociedade nos ensina, ainda que indiretamente, que somos inadequados. Como se fôssemos objetos de decoração e nossa existência servisse apenas para agradar os olhos dos outros. O corpo não pertence mais às pessoas. Ele virou um objeto de apreciação e julgamento públicos. A psicanalista Luciana Saddi disse numa palestra que estamos vivendo o Corpo da Era Industrial: "É como se ele fosse uma máquina de queimar gordura e produzir músculos. Tratamos nosso corpo como se ele fosse uma foto. O corpo não está mais dentro de nós."

Eu me reconheci totalmente nessas palavras. Havia passado os últimos anos vivendo *fora* do meu corpo, como se fôssemos dois seres diferentes – "eu" e "meu corpo". Costumava me referir a ele como um ser estranho, distante, um inimigo, algo de que eu não gostava e que não fazia parte de mim. Sentia meu corpo como se ele fosse um molde de massinha que eu queria modelar até ficar perfeito. Esqueci que eu era um ser vivo, que nasci com uma estrutura óssea e muscular diferente da dos outros, que meu corpo tem um formato e um tamanho únicos, e que exatamente por isso não posso compará-lo com os outros. Esqueci tudo isso. *Nós* esquecemos tudo isso.

Queremos ter o corpo dos outros sem pensar nem questionar como esses corpos foram construídos. Perdemos a capacidade de enxergar nossa beleza natural e de compreender nossos mecanismos de fome e saciedade, pois não permitimos que eles trabalhem da forma correta, sempre impondo dietas e restrições. E quando perdemos essa ligação, comer vira um ato desconectado das nossas sensações corporais e passamos a fazê-lo no piloto automático, sem sentir o gosto, a textura, o cheiro.

Eu tinha mergulhado tão fundo na chamada "mentalidade da dieta" que me desliguei do meu corpo. Passei 22 anos completamente dominada pela ideia de que era gorda e que precisava emagrecer, e finalmente descobri que só havia um jeito de começar a mudar essa maneira de pensar: pegando meu corpo de volta.

Você precisa encontrar formas de resgatar seu corpo, de restabelecer o contato com ele. Pode ser fazendo uma massagem, passando um creme perfumado à noite, tomando um banho um pouco mais longo de vez em quando. Isso tudo pode ser o simples começo desse reencontro. Separe alguns minutos do dia para se dedicar a você.

Sinta suas pernas, seus braços, sua barriga. Respire fundo e perceba o movimento do seu abdômen subindo e descendo com a respiração. Toque sua pele, dê carinho, dê atenção às suas curvas. Em determinado momento da minha vida, eu nem conseguia passar hidratante, tamanho era o medo de sentir minha gordura. Isso é inadmissível. Não podemos nos esconder de nós mesmas. Enquanto nos julgarmos e nos envergonharmos de nossa aparência, seremos incapazes de aceitar quem somos.

Mas quando você inicia o processo de pegar seu corpo de volta e de tratá-lo com mais carinho, aos poucos começa a gostar mais de si mesma. Até a vida sexual melhora, porque você passa a ter mais intimidade com seu corpo. Na jornada para encontrarmos outras formas de prazer além da comida, o sexo é extremamente importante.

Apesar de termos avançado em relação à liberdade sexual das mulheres, ainda temos muita vergonha de falar sobre sexo e até de ler, pesquisar, nos informar sobre orgasmo, masturbação, vibradores, massageadores e brinquedinhos eróticos. Tudo isso pode ajudar você a desenvolver ou destravar sua sexualidade. Acredite, seu corpo é um templo de prazer! Se você sente alguma dificuldade nesse campo, vale a pena consultar um especialista.

Gostar de si mesma não é apenas apreciar a própria aparência ou não ter pensamentos negativos a seu respeito. É também compreender-se, conhecer-se. Você sabe o que faz seu coração disparar? O que faz sua respiração acelerar? O que lhe dá aquele frio gostoso na barriga? Pode ser andar de bicicleta, passear em um parque de diversões, dirigir por uma estrada bonita... Há quanto tempo você não se proporciona um momento gostoso, fazendo algo que lhe traga verdadeira alegria, por mais simples que seja?

Se você só pensar em dieta e em como se acha gorda, vai deixar muita coisa boa passar pela sua vida. Vai perder sensações maravilhosas que não dependem absolutamente nada da forma do seu corpo.

Esse pode ser um exercício muito difícil, especialmente se você está em guerra com o espelho há muitos anos, como eu estava. Mas é preciso vencer a vergonha e tentar recomeçar a relação com seu corpo.

Tente deletar tudo o que você pensa sobre o seu corpo. Olhe-se no espelho como uma criança que está se vendo pela primeira vez, sem julgamentos, sem preconceitos. Ninguém nasce odiando o próprio corpo. Alguém nos ensina a não gostar dele. A boa notícia é que, se aprendemos a odiar, também podemos aprender a amar. Então limpe a mente e veja como há beleza em você. Talvez você encontre alguma resistência, mas não desista! Não é possível mudar de uma hora para outra algo que foi estabelecido há tantos anos.

É preciso reprogramar sua mente. Reprogramar seus pensamentos.

Você pode escrever bilhetes para si mesma e colá-los no espelho do quarto, do banheiro ou em qualquer lugar que olhe todos os dias. Escreva frases como:

- Eu sou capaz.
- Eu sou feliz.

- Eu aceito meu corpo.
- Eu respeito meu corpo.
- Eu sou gostosa.
- Eu sou amada e desejada.

Espalhe pela casa palavras positivas sobre você e concentre-se em enxergar suas qualidades. A mudança tem que começar na mente. Se só existem pensamentos e comentários negativos a seu respeito, como vai gostar de si mesma?

E, sobretudo: sorria para você. Eu acredito muito no poder do sorriso. Tente sorrir ao se olhar no espelho. Sorria para as pessoas que você encontra no ônibus, no elevador, no trabalho, no mercado, na farmácia... Olhe nos olhos delas, sorria e diga bom-dia. Isso é como mágica, muda tudo! Muda a sua energia, muda a energia das pessoas que estão ao seu redor. E sorrir para si mesma tem um efeito igualmente transformador.

Comece hoje, mas comece devagar. Não tente mudar tudo de uma só vez. Eu não conheço ninguém que, depois de anos de ódio e rejeição ao corpo, passou a se amar milagrosamente. A construção do amor-próprio, da autoaceitação e do respeito ao corpo é algo que acontece primeiro na nossa cabeça, no nosso coração, na nossa alma. De dentro para fora.

Permita-se gostar de comer

Comer é maravilhoso! É um dos grandes prazeres da vida, e não há nada, absolutamente nada, de errado nisso. A comida costuma estar presente nos momentos de celebração, de alegria, de encontros com a família, com os amigos, com as pessoas que a gente ama. O hábito de viver de dieta, as restrições alimentares, a insatisfação corporal e outros problemas em relação à comida transformaram a refeição em um ritual de culpa e sofrimento. Isso, sim, está errado.

Em janeiro de 2017, saí para jantar com meu marido e, pela primeira vez em muitos anos, fiz uma refeição com prazer e sem culpa. Eu me senti tão feliz, tão em paz, que registrei o episódio:

Hoje me permiti comer dois pedaços de pão no couvert, macarrão com molho funghi, tomei uma taça de vinho e comi sobremesa! Não lembro quando havia sido a última vez que eu tinha feito uma refeição assim, em paz, sem morrer de culpa ou acordar me sentindo uma baleia no dia seguinte. Aproveitei, comi devagar, com prazer, senti o gosto do funghi na minha boca, aproveitei o sabor do vinho com o macarrão e depois me deliciei com uma torta de chocolate na sobremesa. E sabe o que aconteceu? Como um milagre, eu não consegui comer tudo! Comi pouco mais de meio prato do macarrão e metade da sobremesa! Quando eu comia com culpa, eu comia tudo, raspava o prato com a colher. Às vezes, em casa, passava o dedo no prato para aproveitar até o último resquício de chocolate, como se fosse o último dia da vida que eu pudesse comer. Como agora eu me permito, a vontade passou na metade do pedaço de torta! Eu não acreditava. Eu não parei porque ia engordar, eu parei porque a vontade passou!!!!!!!!!!!

Naquele dia eu percebi que essa história de fazer as pazes com a comida, de comer com atenção, poderia dar certo! Foi uma grande alegria entender que eu poderia comer o que quisesse sem precisar me sentir culpada ou atormentada de alguma forma. E você também pode se permitir degustar os alimentos de que gosta. Todos eles. Sem culpa e sem sofrimento. A comida não é sua inimiga.

Quando você realmente entender isso, vai passar a comer menos porque vai aprender a degustar, a aproveitar, a saborear a comida. Isso é comer com tranquilidade. Comer exageradamente ou compulsivamente não é aproveitar a comida ao máximo. Pense nisso.

Permita-se cuidar da sua saúde

Muitas vezes, quando não gostamos do que vemos no espelho, maltratamos o nosso corpo com remédios para emagrecer ou com métodos compensatórios. O efeito disso, ainda que pareça satisfatório por fora, causa um imenso estrago por dentro, com consequências mais sérias do que podemos imaginar.

Quando entrevistei o psiquiatra Dr. Eduardo Aratangy para o meu canal, ele me explicou que os remédios para emagrecer, principalmente as anfetaminas, têm alto potencial viciante e trazem sérios efeitos colaterais, como déficit cognitivo, psicose, hipertensão e complicações cardíacas agudas ou crônicas, incluindo morte súbita por parada cardíaca. Ainda existem poucos estudos a respeito dos efeitos de outros tipos de medicamentos para emagrecer, no entanto, na prática clínica, os médicos observam que quase todos os pacientes que abusam de anfetaminas acabam ganhando peso ao longo dos anos, além de apresentarem mais dificuldade em ajustar a fome, o apetite e a saciedade depois.

Mas o perigo não está somente nas anfetaminas. Todo tipo de remédio para emagrecer ou controlar o apetite pode ser perigoso e causar prejuízo no mecanismo que regula a fome, a saciedade e o metabolismo energético, além de fazer você engordar muito mais depois que parar de tomar.

Segundo o Dr. Eduardo, outro perigo é o uso abusivo de laxantes e diuréticos. Esses remédios não emagrecem nada, apenas desidratam. Os laxantes podem causar irritação do trato gastrointestinal, cólicas e dores abdominais, distúrbios gastrointestinais, perda excessiva de água e eletrólitos e danos irreversíveis ao cólon. Já os diuréticos podem causar desidratação, cor anormal na urina, cãibras, nefrite e falência renal. Sem falar que o uso de diuréticos pode aumentar o edema, que é o inchaço, por mecanismo reflexo de retenção hídrica; ou seja, o corpo vai se defender da perda artificial de água retendo líquido para proteger você. Existem casos extremos de pessoas que precisam fazer hemodiálise pelo resto da vida ou até retirar parte do intestino por abuso dessas substâncias.

Depois dessa entrevista, fui para casa e chorei muito. Pensei em quanto havia maltratado meu corpo e em quanto ele havia resistido bravamente durante todo aquele tempo. Coloquei meus sentimentos no papel, expressando um misto de culpa e gratidão:

Perdão meu incrível corpo, me desculpe e me perdoe por tantos anos de ódio, de rejeição, de maus-tratos, de falta de amor, de falta de respeito. Me perdoe por tantas agressões, por tanto desprezo, por não te amar e por um dia ter desejado ter outro corpo. Me perdoe por não te valorizar e não aceitar a beleza e a exuberância das suas curvas, a beleza de cada parte de um corpo que é lindo e é o melhor do mundo, simplesmente porque é meu! É único, é fonte de vida, de muita alegria, de muito prazer. Obrigada por ser saudável, por me levar para todos os lugares, por me fazer rir, chorar, andar, correr, passear, trabalhar, amar, fazer amor, brincar com meus sobrinhos, assistir a filmes, ouvir músicas, falar, ouvir, comer, sentir como a vida é maravilhosa! Obrigada por me permitir ser uma pessoa tão feliz e tão amada. Obrigada, me desculpe, me perdoe, eu te amo.

Chegar a esse entendimento, de que meu corpo merece respeito porque faz parte de mim, demorou muito. Eu o maltratei duramente por muitos anos e, até hoje, tem dias em que me olho no espelho e fico triste com o que vejo. Mas já não sacrifico mais a minha saúde por causa disso.

Procure ajuda especializada para auxiliar você nesse processo. Libertar-se do vício em remédios é doloroso, mas necessário. E mais: quando procurar um médico, não tenha vergonha de admitir que usa controladores de apetite, toma laxantes ou provoca vômito. Sei que muitas pessoas querem se tratar mas não têm coragem de falar a verdade. Eu mesma fiz isso, lembra? Então não faça como eu, pois esconder meu comportamento impediu que o médico descobrisse qual era o meu problema.

Além de procurar profissionais especializados, você também pode começar a fazer coisas que tragam mais bem-estar e leveza à sua vida. Escolha algo simples, que lhe dê prazer, como:

- caminhar;
- correr;

- dançar;
- ouvir suas músicas favoritas;
- passar creme no corpo;
- relaxar;
- fazer uma sessão de massagem;
- encontrar um hobby;
- ler;
- meditar.

Quando encontrei atividades que me davam prazer, passei a cuidar mais do meu corpo. Acho caminhar na esteira uma das coisas mais chatas do mundo. Já as aulas de boxe tailandês são uma forma de cuidar da minha saúde física e mental. Amo lutar. Sou muito ansiosa, então preciso me mexer, dar socos, chutes, preciso pular para liberar energia e me acalmar. Descobri também que se começasse a usar mais meus braços, que tanto escondia, passaria a gostar mais deles.

Gostaria que você pudesse refletir comigo. O exercício físico que você pratica é uma forma de punição? Você só faz ginástica porque se sente na obrigação de queimar as calorias dos alimentos "proibidos" que ingeriu no fim de semana?

Eu fiz isso a vida inteira, praticava o que hoje chamo de *exercício punitivo*, e você pode estar fazendo o mesmo sem perceber. Quando eu comia algo que "não devia", calculava quantas calorias havia ingerido e ficava correndo na esteira até queimá-las. Mesmo muito cansada ou sentindo dor no joelho eu continuava correndo, sem respeitar o meu corpo. Fazer isso não é nada saudável. Por mais que os exercícios sejam benéficos para a saúde, essa obsessão pode fazer muito mal para você.

Se o momento da ginástica é aquele que você odeia e encara como uma obrigação, você definitivamente não está cuidando do seu corpo – está se punindo. A prática de exercícios não é apenas um modo de acelerar o metabolismo para queimar gordura, mas também uma maneira de proporcionar saúde física e mental. Por isso, precisamos encontrar uma atividade que proporcione prazer, bem-estar e a chance de nos conectarmos com nosso corpo.

Além do boxe, também me descobri no pilates. Pela primeira vez, sinto de verdade o meu corpo, sinto os tendões e as articulações estendendo e flexionando, a dor dos músculos e das pernas castigadas por anos de salto alto. Sim, porque eu pensava que quanto mais alta e alongada eu ficasse, mais magra eu pareceria, então usava saltos de 10 centímetros todos os dias. Quando decidi usar sapatilhas para trabalhar foi uma pequena libertação.

E, há pouco mais de 1 ano, comecei a meditar. No começo foi muito difícil, mas aos poucos estou evoluindo. A meditação tem a ver com estar concentrado no momento presente, respirar fundo, prestar atenção na respiração, sentir o ar entrando e saindo pelas narinas, sentir o coração batendo, sentir a paz, perceber a mente se acalmando. Ou não! Meditar também é sentir os pensamentos indo e vindo. O pensamento vem, você diz *Oi, obrigada e tchau*, e volta a prestar atenção na respiração. Você só precisa fechar os olhos, respirar e conectar-se com seu corpo.

No primeiro curso que fiz com a Dra. Vera Lúcia de Salvo, pós-doutoranda em Saúde Coletiva pela Unifesp, aprendi sobre o *mindful eating*, que é o comer com atenção plena. Comer com atenção plena é muito mais que comer devagar. É uma forma de comer com prazer, aproveitando os alimentos, sentindo o cheiro, a textura, ouvindo o barulho que eles fazem dentro da boca quando você os morde. É estar plenamente consciente do ato de comer.

Durante grande parte da minha vida, comer foi um ato totalmente mecânico, que consistia em enfiar o alimento na boca e engolir o mais rápido possível, para comer mais e mais. Nesse curso, me dei conta de que nunca sentia o gosto dos alimentos. Como eu vivia de dieta, quando comia algo que apreciava engolia tudo quase inteiro, sem saborear a comida. E isso, além de gerar frustração, ainda me fazia engordar.

Segundo Jon Kabat-Zinn, criador do Programa de Redução do Estresse Baseado na Atenção Plena, a maneira como comemos nos diz muito sobre o que nos permitimos – ou não – experimentar da vida. E é verdade: engolimos a comida como engolimos os sentimentos.

Há um exercício muito interessante para quem está entrando em contato com a atenção plena pela primeira vez, que é a meditação da uva-passa. Segundo Kabat-Zinn no livro *Atenção plena para iniciantes*, nessa meditação a uva-passa se torna o objeto principal da nossa atenção e permite que experimentemos o universo dos sentidos, percebendo detalhes que não costumamos observar. "A passa se torna o mestre de meditação, revelando aspectos de seu relacionamento com a comida e do ato de comer que com frequência não vêm à tona, à superfície da consciência. O desafio é simplesmente estar presente em cada momento como ele é."

Até fazer esse exercício, jamais imaginei que poderia haver prazer em comer um único alimento tão pequeno. Acho que aprendi a comer naquele dia.

É claro que não faço isso o tempo todo ou em todas as refeições. Mas sempre me lembro desse exercício quando me pego comendo no piloto automático.

Esse é apenas um jeito de descobrir que existe outra forma de se alimentar. Foi um método que deu certo para mim e que talvez funcione para você. Não custa tentar!

A próxima vez que comer qualquer coisa, pense se o que está comendo é doce, salgado, apimentado, se faz barulho... Você não imagina quantas sensações interessantes pode haver numa simples mordida.

Tente transformar o seu ato de comer em um momento gostoso, prazeroso, calmo, em paz, com atenção, sem culpa, sem sofrimento, sem julgamentos. Isso vai fazer bem para o seu corpo e a sua alma. Faça o teste com o exercício a seguir.

Comendo com atenção plena

Pegue 3 uvas-passas, ou 3 pedaços pequenos de chocolate, ou 3 pedaços bem pequenos de uma comida que você gosta. Se puder e gostar, tente fazer com as uvas-passas.

Comece fechando os olhos e respire fundo duas ou três vezes. Abra os olhos, pegue uma uva-passa e olhe para ela como se nunca tivesse visto uma na sua vida. Com calma, olhe cuidadosamente as cores, a textura, as dobrinhas da uva-passa, sinta o alimento na palma da mão. Fique olhando quanto tempo quiser. Não há regra.

Agora, feche novamente os olhos, respire fundo, aproxime a passa do seu nariz e sinta o cheiro dela. Parece diferente em cada narina?

Depois passe a uva-passa nos lábios e sinta a textura. Preste atenção em qualquer pensamento ou sentimento que apareça. Reflita sobre os pensamentos que surgem, sem julgamentos.

Agora, coloque a uva-passa na boca, mas não a mastigue ainda. Como é a sensação dela dentro da boca? Mova a passa com a língua, para lá e para cá...

Agora, comece a mastigar devagar. Sinta seus dentes rompendo a casca. Como é experimentar o sabor de uma única uva-passa? O sabor muda à medida que você a mastiga?

Mastigue o mais devagar que puder. Quando sentir que é a hora, engula. Note a experiência do alimento descendo, passando pela sua garganta. Até onde você consegue sentir o alimento? Em que momento o gosto desaparece? Em que momento o prazer acaba? O sabor continua na boca depois que você engole?

Após engolir a uva-passa, preste atenção às suas sensações. Você ainda sente algo na boca? Resta ainda qualquer sabor ou sensação ainda?

Agora, abra os olhos e pegue a segunda uva-passa. Faça tudo de novo; repita todas as etapas com calma. Comece a mastigar novamente e observe as semelhanças e diferenças em relação à primeira uva-passa.

Abra os olhos e pegue agora sua terceira uva-passa. Se puder, examine-a, sinta seu cheiro de novo, repita todo o processo, devagar. Engolindo essa terceira uva, quais são suas sensações? Cada uma foi diferente ou foi tudo igual?

Não existe resposta certa, é a sua experiência que conta, cada pessoa sente de uma maneira diferente.

Agora pense: o que você sabe sobre os alimentos que come? Como foram plantados? Aliás, foram plantados ou foram processados e são artificiais? Sem julgamentos, apenas pense. Quais os ingredientes? Como o alimento chegou até a sua mesa? Você daria isso para uma criança pequena comer? Quem comprou? Por que comprou? Você realmente gosta? Estava bom mesmo? Você morreria se esse alimento não existisse mais?

Respire fundo quantas vezes quiser e pense em como foi essa experiência para você.

MARIANA, 31 ANOS

"Como tenho muita vergonha do meu corpo e me sinto feia e gorda (mesmo as pessoas falando o contrário), nas poucas vezes que saio de casa tenho crises de ansiedade, porque chego ao lugar e começo a achar que todos estão me olhando e me julgando. Se algum homem se mostra interessado em mim, entro em desespero. Não consigo manter a conversa, de tão nervosa. Já cheguei a ir embora de festas porque algum menino quis ficar comigo e eu fiquei pensando: se a gente ficar, ele vai me adicionar no Facebook e os amigos dele vão dizer 'Como você teve coragem de ficar com aquela gorda?' Eu não quero ser motivo de piada de ninguém. Por isso, hoje não saio mais, não vou à praia, não fico de biquíni na frente dos outros, não uso saias nem blusas decotadas nas costas. Não faço nada que chame a atenção para o meu corpo. Sinto muita falta de ter alguém ao meu lado, e, ao mesmo tempo, tenho raiva de mim mesma por perder tantas oportunidades de ser feliz e de encontrar alguém legal. Acho que perdi anos valiosos da minha juventude ficando trancada no quarto."

CAPÍTULO 10

PARA AMAR E RESPEITAR O SEU CORPO

O poder da autocompaixão

Para respeitar, depois aceitar e, em seguida, começar a amar meu corpo precisei primeiro aceitar e amar a pessoa que sou, desenvolver a autoestima e descobrir a autocompaixão e o amor-próprio.

Thupten Jinpa, ex-monge tibetano que há mais de 30 anos é o intérprete oficial do Dalai Lama, diz que, quando cultivamos a autocompaixão, não avaliamos a nós mesmos de acordo com as nossas conquistas nem nos comparamos aos outros. "Em vez disso, aprendemos a reconhecer nossos defeitos e limitações com paciência, compreensão e bondade. Passamos a ver nossos problemas no contexto maior de nossa humanidade partilhada. Assim, a autocompaixão nos permite ser honestos conosco e, por meio de uma postura de aceitação, promove uma compreensão mais realista da situação que vivemos", diz ele no livro *Um coração sem medo*.

Durante a minha caminhada, esses foram passos essenciais. Precisei me olhar com ternura, aceitar minhas fraquezas e ser honesta comigo mesma a respeito dos meus sentimentos. Foi necessário aprender a cuidar de mim, a me tratar com carinho, a me acolher. Foi preciso entender que meus ossos, meus músculos, minha gordura e minha pele não são coisas artificiais que podem ser transformadas em algo diferente. Não somos manequins de loja nem bonecas fabricadas em linhas de produção para sermos todas iguais. Foi essencial aprender que, ao me olhar com carinho, eu poderia começar a respeitar aquilo que sou.

Por isso tudo, ficou claro que a motivação para mudar precisa ser autêntica e baseada na autocompaixão; não pode vir do desejo de agradar a alguém ou de corresponder a algum padrão que não a representa.

Se você está tentando emagrecer porque alguém mandou, não vai funcionar. Se está tentando emagrecer porque alguém riu de você, não vai funcionar. Se está tentando emagrecer porque se sente discriminada no seu ambiente de trabalho, não vai funcionar. Se está tentando emagrecer porque seu cônjuge disse que você está gorda, não vai funcionar.

Se está tentando emagrecer por qualquer motivo que não venha de dentro de você, de dentro do seu coração, acredite, não vai funcionar. Você pode até conseguir perder peso com remédios ou dietas malucas, mas, quando se cansar de viver assim, vai voltar ao que era. E vai continuar infeliz.

Porque, ainda que o mundo diga exatamente o contrário, *você não tem a obrigação de emagrecer. Você não precisa mudar o seu corpo! Você não precisa se encaixar em nenhum padrão!* Você precisa pensar sobre porque quer emagrecer. Se hoje seu corpo não está confortável para você, se ele não lhe permite fazer as coisas que você deseja, talvez seja necessário tratá-lo melhor. Se sua saúde física ou mental está comprometida por causa do seu corpo ou do seu peso, então pode ser que precise fazer alguma coisa a respeito. Mas essa deve ser uma decisão sua, sem a influência de ninguém. Ninguém mesmo. Nem marido, namorado, amigos, filhos, família, chefes, colegas de trabalho, meios de comunicação, redes sociais, modismos nutricionais, etc.

Respeitar seu corpo significa respeitar sua genética, sua composição corporal, sua estrutura óssea e muscular, a forma do seu corpo. Quando fizer isso, vai começar a aceitar que a forma dele é linda, porque é única, é somente sua! E nesse momento você poderá perdoar a si mesma por ter desejado ser diferente. O perdão muda a nossa vida, assim como a gratidão, a compaixão, o respeito e o amor.

Eu só passei a me amar depois que, com carinho e paciência, consegui começar a cuidar do meu corpo do jeito que ele merece. E, que fique bem claro, cuidar do corpo não é emagrecer – é cuidar da saúde e do bem-estar. Cuidar-se não é ter um corpo bonito para mostrar para os outros, mas ter um corpo confortável para você morar.

Sua única preocupação deve ser com seu bem-estar físico, mental e emocional. Se você come escondido, se tem episódios de compulsão em que perde o controle e depois nem sabe direito quanto comeu, se come até ficar empanturrada e depois toma laxantes ou outros remédios, talvez você precise de ajuda, mas não para perder peso, e sim para resolver os conflitos que você desconta na comida.

As pessoas obesas, compulsivas ou anoréxicas ainda sofrem muito preconceito, são ridicularizadas, discriminadas. Há pessoas que não conseguem emprego porque são gordas. Nas lojas, algumas vendedoras olham com desdém para quem está acima do peso e tenta comprar uma roupa. Tem gente que dá risada ao ver um gordo comendo salada ou fazendo ginástica.

Por que ainda permitimos isso?

Um estudo feito por pesquisadores da Universidade Yale, nos Estados Unidos, com 1.013 mulheres obesas mostrou os efeitos da internalização de estereótipos preconceituosos. Questionadas sobre o que acham de pessoas gordas, 72% das mulheres disseram que consideravam os gordos preguiçosos, 24% os consideravam burros, 16%, sujos e 15%, sem força de vontade.

Ou seja, esse resultado surpreendente deixa claro que as pessoas acima do peso assumem esses estereótipos e, de certa forma, alimentam o preconceito. Essa visão de si mesmo pode desencadear episódios de compulsão alimentar em quem já tem transtornos, diminuir a autoestima e causar depressão. A vergonha e o estigma de ser gordo aumentam a insatisfação corporal e a sensação de incapacidade de gerenciar o que se come. Então as pessoas desistem ou nem tentam mudar o comportamento alimentar porque têm certeza de que não vão conseguir.

Odiar e rejeitar o próprio corpo não leva a lugar nenhum. Lembre-se de que você não é fraco ou derrotado por não ter uma relação saudável com a comida ou por estar acima do peso.

No dia em que se perdoar e se aceitar, talvez você passe naturalmente a comer menos, porque vai parar de se culpar e de transformar emoções em comida. Vai começar a parar de agredir seu corpo. Vai começar a tratar-se bem. E aí a transformação terá início.

Precisamos entender que não há problema algum em estar fora do "padrão", que nosso corpo não define o nosso valor como ser humano, que o peso é uma característica como outra qualquer. E, principalmente, que não temos que nos sentir menos dignas, menos merecedoras de amor e menos importantes por causa do tamanho da nossa calça jeans.

Amar-se não é se achar perfeito

Passei parte da infância, toda a adolescência e início da vida adulta desejando uma única coisa: ser cada vez mais magra. Só há pouco tempo *realmente* entendi que não tem nada de errado com o meu corpo e que todo o meu sofrimento era fruto da doença. Hoje, aos 35 anos, estou na melhor fase da minha vida, e pela primeira vez isso não tem nada a ver com o meu peso.

Estou em paz porque conquistei autoconfiança, desenvolvi a autoestima e aprendi a ter autocompaixão. Foi um processo longo, que levou tempo e causou dores profundas, mas que me ajudou a descobrir quem eu sou e o que me faz feliz.

Depois de tudo o que li, estudei e aprendi durante os meus dois anos de tratamento e nas conversas com os profissionais que entrevistei para este livro e para o meu canal, cheguei a uma conclusão: o amor-próprio é o remédio mais poderoso que existe, capaz de nos libertar dos mais diferentes problemas e de nos devolver a paz.

Muitas pessoas confundem autocompaixão com autopiedade ou vitimização. Não é nada disso. Também não é egoísmo. Autocompaixão, como disse Thupten Jinpa, é reconhecer que temos vulnerabilidades, vergonhas, dores, defeitos; mas é também ter a generosidade de nos perdoarmos por nossas fraquezas. Ter compaixão é reconhecer a nossa condição humana de imperfeição. Somos imperfeitos e frágeis, e não há nada de errado nisso.

E que fique claro que, para se amar, você não precisa gostar de *tudo* em você. Sempre haverá algo que você não aprecia em sua aparência ou em seu jeito de ser. E tudo bem. Isso não significa que você não se ama. Pelo contrário: ser capaz de respeitar essa opinião e de aceitar essa parte que não a agrada é sinal de que você se trata com amor.

Cuide bem de si mesma. Ainda que no início seja difícil, cultive todos os dias o autoamor, a autocompaixão, o autoperdão, a autobondade, o autocarinho, a autogenerosidade. Nem sei se essas palavras existem, mas essa sensação precisa estar viva no seu coração!

Vergonha x amor-próprio

Comecei a me sentir mais confiante e a ter orgulho de mim quando entendi que todas as pessoas têm suas vulnerabilidades. Brené Brown, já citada antes, diz que "a vergonha é universal e constitui um dos sentimentos humanos mais primitivos. As pessoas que não experimentam esse sentimento são carentes de empatia e não sabem se relacionar. Vergonha é um sentimento intensamente doloroso ou a experiência de acreditar que somos defeituosos e, portanto, indignos de amor e aceitação".

Segundo a autora, a vergonha não é exclusividade de quem viveu um trauma ou uma situação vexatória: é algo que todos nós experimentamos e vamos experimentar várias vezes ao longo da vida. E ela não se esconde em nossos medos e segredos mais obscuros, e sim nas questões mais triviais do dia a dia:

- aparência e imagem corporal;
- dinheiro e trabalho;
- maternidade/paternidade;
- família;
- criação de filhos;

- saúde física e mental;
- vícios;
- sexo;
- velhice;
- religião;
- traumas;
- estigmas ou rótulos.

Veja que o primeiro dos doze gatilhos da vergonha é a aparência. Sei bem quanto nós, mulheres, sofremos por causa da nossa imagem. Por isso é que, no primeiro vídeo do meu canal, eu disse que a gente precisava fazer uma revolução. Algumas pessoas riram de mim, fizeram piada, duvidaram, disseram que eu estava querendo chamar atenção e insinuaram até que eu era pretensiosa por sugerir algo tão complexo.

Mas eu acredito, sim, que a próxima revolução feminina vai começar a acontecer quando deixarmos de ser escravas de padrões, superarmos a vergonha e nos aceitarmos como somos. É uma revolução silenciosa que será feita dentro de casa, diante do espelho e no nosso coração. E ela vai explodir quando passarmos a exercitar a autocompaixão e a entender que somos perfeitamente imperfeitas. Lindamente imperfeitas.

Mas só faremos isso quando cada uma de nós aceitar e vivenciar sentimentos como raiva, tristeza, ansiedade, ciúme, medo, inveja, descontrole, amargura, insegurança, vergonha, ódio e muitos outros que não admitimos sentir.

Assisti a uma palestra do professor iraniano Tal Ben-Shahar, um dos principais estudiosos da Psicologia Positiva, em que ele dizia o seguinte: "Só conheço dois tipos de pessoas que não sentem emoções dolorosas: os psicopatas e os mortos. Então, se você sente isso, é um sinal maravilhoso de que está vivo e não é um psicopata. Aceitação incondicional de nós mesmos. Permissão incondicional para ser humano. Esses são os principais pilares para uma vida feliz."

Amei ouvir isso, porque foi mais um indício de que eu precisava dar ao meu corpo a permissão para ser imperfeito. Percebi que devia deixar minha fome me informar quando eu precisava de alimento e também autorizar meu corpo a me avisar quando eu tivesse comido o suficiente. Eu me dei conta de que, se nunca parasse de me maltratar física e emocionalmente, nunca seria feliz com meu corpo, porque nossa relação requer confiança mútua. Somos um só, por mais que eu o tenha tratado como um estranho a vida toda.

Ninguém muda pelo ódio. Só mudamos pelo amor, pela compreensão, pelo carinho e pela autocompaixão. E se o amor cura, direcione o que sente por outras pessoas para você também. Trate seu corpo como seu melhor amigo. Todos os seus amigos têm defeitos, e você gosta deles mesmo assim. Você releva as chatices, as manias, as imperfeições; adora estar ao lado deles nos momentos bons e ruins. Permita-se nutrir esse mesmo sentimento por você.

Não deixe para ser feliz quando emagrecer ou quando mudar a sua aparência. Seja feliz no seu corpo de hoje. Sinta-se confortável sendo quem você é. Você não precisa mudar para ser feliz. Só precisa se aceitar e se respeitar.

A essa altura, você já sabe de tudo isso. Agora precisa começar a *sentir* tudo isso! Esse processo pode transformar a sua vida. Compartilhe esse aprendizado. Transmita essa mensagem. Todas nós somos especiais, mas nem sempre percebemos. Ajude uma mulher que não se valoriza a enxergar o próprio brilho. Estamos naturalmente conectadas, vivemos em busca de ligações. Então use isso para fomentar nossa revolução. Diga às mulheres que você conhece que elas são inteligentes, capazes, fortes, determinadas, lindas e que merecem ser amadas. Assim como você.

Nosso corpo deve ser um espaço seguro, o lugar onde podemos ser quem somos de verdade. Temos que pegar nosso corpo de volta e entender que ele não é um objeto de exposição. Nossas emoções e sofrimentos tampouco estão à disposição do julgamento alheio. Não importa o que os outros pensam sobre nós, sobre nossa aparência e nossa alimentação. Isso não é problema deles.

E, se não vamos conseguir mudar a cabeça dos outros, podemos mudar a nossa. Só vamos conquistar a liberdade quando conseguirmos dizer com convicção: "Eu sou assim", "Eu sou feliz assim", "Ninguém pode me dizer como meu corpo deve ser".

Esta é nossa próxima revolução.

Nunca se esqueça de que não há motivos para você sentir vergonha do seu corpo nem da pessoa que você é. Quando realmente compreender isso, no fundo do seu coração, você vai conquistar as coisas que deixou de buscar por não se sentir adequada. Vai deixar de se sentir inferior aos outros. Vai olhar todo mundo nos olhos, de cabeça erguida.

Essa é uma estrada cheia de obstáculos, mas cada tropeço traz novas lições. Não existem atalhos. Talvez ainda demore anos para que você se sinta melhor. Mas não importa. É preciso começar.

Como já disse antes, este livro não oferece soluções nem fórmulas mágicas. Não posso garantir que o que funcionou comigo vai funcionar para você. Meu objetivo foi apenas dizer que você não está sozinha e que é possível, sim, fazer as pazes com você mesma.

Mas talvez a mensagem mais importante deste livro seja: você não é obrigada a nada. Nem mesmo a amar o seu corpo.

O amor-próprio não é mais uma obrigação que temos que carregar. Não pode ser mais uma exigência que não conseguimos cumprir ou um motivo a mais para nos sentirmos frustradas.

Desde que comecei meu tratamento, me senti pressionada pela necessidade de amar meu corpo, mas recentemente percebi que esse não é o caminho. O amor não cobra nada. Então não force a barra. Se você achar que nunca será capaz de amar sua imagem como ela é, tudo bem. Não se culpe, não se desespere. O amor e a aceitação vêm naturalmente, como consequência de um longo processo de autoconhecimento.

Você, seu corpo e seus sentimentos são uma coisa só, um único ser. Respeite-se e permita-se completar essa jornada no seu próprio tempo.

Essa é uma revolução que só você pode fazer.

DAIANA GARBIN, 35 ANOS

27 de março de 2017

"Hoje, quando estava no avião indo para São Paulo, a aeromoça me ofereceu um sanduíche e eu, confortavelmente, disse: 'Não, obrigada!' Foi a primeira vez na minha vida que eu disse não para algum tipo de comida sem pensar! Eu não disse não porque estou de dieta, porque não quero engordar ou porque não posso comer carboidrato. Eu disse não porque não estava com fome nem com vontade de comer. Naquele momento, percebi que a comida não manda mais na minha vida. Não consegui segurar as lágrimas e chorei de alegria porque me dei conta de que tudo com que sempre sonhei começou a acontecer! Aprendi a confiar no meu corpo. Agora ele me diz quando está com fome e quando eu já comi o suficiente. Em alguns dias ele quer só uma salada. Em outros, deseja algo mais pesado ou mais gorduroso. Às vezes eu como pouco porque não estou com fome, às vezes como mais simplesmente porque estou com vontade. E isso é normal e saudável! Hoje eu tenho livre-arbítrio para comer o que quiser porque não existe nada proibido na minha alimentação. Finalmente consegui. Foram 22 anos de guerra, mais de dois anos de tratamento. Parecia impossível. Mas eu aprendi que é possível fazer as pazes com a comida e que esse é o primeiro passo para fazer as pazes com o corpo. A sensação de ter paz na hora de se alimentar é de vitória e de liberdade, porque não é mais a comida que escolhe por você. É você que escolhe!"

REFERÊNCIAS

Livros

ALVARENGA, Marle; FIGUEIREDO, Manoela; TIMERMAN, Fernanda; ANTONACCIO, Cynthia (org.). *Nutrição comportamental.* São Paulo: Manole, 2016.

ALVARENGA, Marle; SCAGLIUSI, Fernanda Baeza; PHILIPPI, Sonia Tucunduva (org.). *Nutrição e transtornos alimentares.* São Paulo: Manole, 2011.

American Psychiatric Association (APA). *Manual diagnóstico e estatístico de transtornos mentais DSM-5.* Porto Alegre: Artmed, 2014.

BACON, Linda; APHRAMOR, Lucy. *Body Respect.* BenBella Book, Inc. Dallas, TX.

BROWN, Brené. *A coragem de ser imperfeito.* Rio de Janeiro: Sextante, 2013.

_____. *Mais forte do que nunca: Caia. Levante-se. Tente outra vez.* Rio de Janeiro: Sextante, 2016.

CAMPAYO, Javier; DEMARZO, Marcelo. *Manual prático Mindfulness. Curiosidade e aceitação.* São Paulo: Palas Athena, 2015.

CORDÁS, Táki Athanássios; KACHANI, Adriana Trejger e colaboradores. *Nutrição em psiquiatria.* Porto Alegre: Artmed, 2010.

CUDDY, Amy. *O poder da presença: Como a linguagem corporal pode ajudar você a aumentar sua autoconfiança.* Rio de Janeiro: Sextante, 2016.

DERAM, Sophie. *O peso das dietas.* São Paulo: Sensus, 2014.

DOTY, James R. *A maior de todas as mágicas: A história real de um neurocirurgião e suas descobertas sobre o poder da meditação e da compaixão.* Rio de Janeiro: Sextante, 2016.

FOXCROFT, Louise. *A tirania das dietas.* São Paulo: Três Estrelas, 2013.

JINPA, Thupten. *Um coração sem medo.* Rio de Janeiro: Sextante, 2015.

KABAT-ZINN, JON. *Atenção plena para iniciantes.* Rio de Janeiro: Sextante, 2017.

MAINE, Margo, Ph.D. *Body Wars: Making Peace with Women's Bodies.* Califórnia: Gürze Books, 1999.

NEFF, Kristin. *Self-Compassion: The Proven Power of Being Kind to Yourself.* Nova York: William Morrow & Company, 2015.

NOVAES, Joana de Vilhena; VILHENA, Junia de. *Que corpo é este que anda sempre comigo?* Curitiba: Appis Editora, 2016.

PEALE, Norman Vincent. *O poder do pensamento positivo.* São Paulo: Cultrix, 1984.

RHIMES, Shonda. *O ano em que disse sim.* Rio de Janeiro: BestSeller, 2017.

ROSENBERG, Jocelyne Levy. *Lindos de morrer*. São Paulo: Celebris, 2004.

ROTH, Geneen. *Liberte-se da fome emocional*, São Paulo: Lua de Papel, 2011.

—————————. *Mulheres, comida e Deus*. São Paulo: Lua de Papel, 2010.

SATTER, Ellyn. *Secrets of Feeding a Healthy Family: How to Eat, How to Raise Good Eaters, How to Cook*. Kelcy Press, 2ª ed. (1º outubro de 2008).

SELIGMAN, Martin E. P. *Florescer: Uma nova e visionária interpretação da felicidade e do bem-estar*. Rio de Janeiro: Objetiva, 2012.

SOBCZAK, Connie; SCOTT, Elizabeth. *Embody: Learning to Love Your Unique Body (and quiet that critical voice!)*. Califórnia: Gürze Books, 2014.

TRIBOLE, Evelyn e RESCH, Elyse. *Intuitive Eating*. St. Martin's Griffin, 3ª ed. (7 de agosto de 2012).

—————————. *The Intuitive Eating Workbook: Ten Principles for Nourishing a Healthy Relationship with Food*. New Harbinger Publications (1º de abril de 2017).

WEINBERG, Cybelle (org.). *Psicanálise de transtornos alimentares*, vol. II – Ceppan, Clínica de Estudos e Pesquisas em Psicanálise da Anorexia e Bulimia. São Paulo: Primavera Editorial, 2010.

—————————. *Transtornos alimentares da infância e adolescência*. São Paulo: Sá Editora, 2015.

Artigos

ALVARENGA, Marle dos Santos *et al*. "Influência da mídia em universitárias brasileiras de diferentes regiões." *Jornal Brasileiro de Psiquiatria*, 2010, vol. 59, 2ª ed., pp. 111-118.

BARKER, Eric. "4 Rituals to Keep You Happy All the Time". *Time*. http://time.com/3897223/rituals-happy-gratitude/

DULLOO, AG; JACQUET, J; MONTANI, JP; SCHUTZ, Y. *How dieting makes the lean fatter: from a perspective of body composition autoregulation through adipostats and proteinstats awaiting discovery*, 2015.

FARDOULY, Jasmine *et al*. "Social comparisons on social media: The impact of Facebook on young women's body image concerns and mood." *Body Image*, 2015, vol. 13, pp. 38-45.

GHAZNAVI, Jannath e TAYLOR, Laramie D. "Bones, body parts, and sex appeal: An analysis of #thinspiration images on popular social media." *Body Image*, 2015, vol. 14, pp. 54-61.

HEINBERG, L.J.; THOMPSON, J.K.; MATZON, J. L. "Body image dissatisfaction as a motivator for healthy lifestyle change: Is some distress beneficial?" In: Striegel-Moore, RH; Smolak, L. *Eating disorders: Innovative directions in research and practice*. Washington, DC: American Psychological Association, 2001, pp. 215-32.

HOLLAND, Grace e TIGGEMANN, Marika. "A systematic review of the impact of the use of social networking sites on body image and disordered eating outcomes." *Body image*, 2016, vol. 17, pp. 100-110.

_____. "Strong beats skinny every time: Disordered eating and compulsive exercise in women who post fitspiration on Instagram". *International Journal of Eating Disorders*, 2017, vol. 50, 1ª ed., pp. 76-79.

JI-WON, KIM e CHOCK, T. Makana. "Body image 2.0: Associations between social grooming on Facebook and body image concerns." *Computers in Human Behavior*, 2015, vol. 48, pp. 331-339.

PEPIN, Genevieve e ENDRESZ, Natalie. "Facebook, Instagram, Pinterest and co.: body image and social media." *Journal of Eating Disorders*, 2015, vol. 3, supl. 1: O22.

POLIVY, J. "Psychological consequences of food restriction". *Journal of the Academy of Nutrition and Dietetics*, 1996.

POLIVY, J.; HERMAN, C.P. "An evolutionary perspective on dieting". *Appetite*, 2006, vol. 47, pp. 30-5.

POLIVY, J; ZEITLIN, SB; HERMAN, CP; BEAL, AL. "Food restriction and binge eating: a study of former prisoners of war". *J Abnorm Psychol*, 1994, vol. 103, pp. 409-11.

Puhl, R.M.; MOSS-RACUSIN, C.A.; SCHWARTZ, MB. "Internalization of weight bias: implications for binge eating and emotional well-being". *Obesity*, 2007, vol. 15, pp. 19-23. Center for Food Policy and Obesity, Yale University.

Turner, Pixie G. e LEFEVRE, Carmen E. "Instagram use is linked to increased symptoms of orthorexia nervosa." *Eating and Weight Disorders-Studies on Anorexia, Bulimia and Obesity*, 2017, vol. 22, supl. 2, pp. 277-284.

TIGGEMANN, Marika e SLATER, Amy. "Facebook and body image concern in adolescent girls: A prospective study." *International Journal of Eating Disorders*, 2017, vol. 50, supl. 1, pp. 80-83.

TIGGEMANN, Marika e ZACCARDO, Mia. "'Strong is the new skinny': A content analysis of# fitspiration images on Instagram." *Journal of Health Psychology*, 2016, 1359105316639436.

VAN DEN BERG, Patricia *et al.* "The tripartite influence model of body image and eating disturbance: A covariance structure modeling investigation testing the mediational role of appearance comparison." *Journal of psychosomatic research*, 2002, vol. 53, supl. 5, pp. 1007-1020.

WALKER, Morgan, et al. "Facebook use and disordered eating in college-aged women." *Journal of Adolescent Health*, 2015, vol. 57, supl. 2, pp. 157-163.

YAGER, Zali; GRAY, Tonia; CURRY, Christina; McLEAN, Siân A. *Body dissatisfaction, excessive exercise, and weight change strategies used by first-year undergraduate students: comparing health and physical education and other education students*, 2017.

https://qz.com/880853/instagram-made-me-feel-bad-about-myself-until-i-hacked-its-algorithms-to-improve-my-body-image/

https://www.eatingrecoverycenter.com/blog/2016/05/04/7-ways-to-use-social-media-without-feeding-an-eating-disorder-ellie-herman

http://www.mirror.co.uk/lifestyle/health/social-media-making-your-child-9396731

http://www.thedailybeast.com/articles/2015/10/08/how-social-media-including-instagram-and-facebook-cause-anorexia.html

Profissionais entrevistados:

Dr. Eduardo Aratangy: Psiquiatra, médico supervisor do Programa de Transtornos Alimentares (Ambulim) e da Enfermaria de Comportamento Alimentar (ECAL) do Instituto de Psiquiatria do Hospital das Clínicas da Faculdade de Medicina da USP (IPq-HCFMUSP).

Dra. Ana Clara Franco Floresi: Médica psiquiatra, colaboradora do Programa de Transtornos Alimentares (Ambulim) do Instituto de Psiquiatria do Hospital das Clínicas da Faculdade de Medicina da USP (IPq-HCFMUSP).

Prof. Dr. Táki Athanássios Cordás: Coordenador da Assistência Clínica do Instituto de Psiquiatria do HCFMUSP. Coordenador do Programa de Transtornos Alimentares (Ambulim, IPq-HCFMUSP). Professor dos Programas de Pós-Graduação do Departamento de Psiquiatria da USP e do Programa de Neurociências e Comportamento do Instituto de Psicologia da USP.

Marcela Salim Kotait: Nutricionista, especialista em transtorno alimentar, coordenadora da equipe de nutrição do Ambulatório de anorexia nervosa do Programa de Transtornos Alimentares (Ambulim, IPq-HCFMUSP). Membro do Genta – Grupo de Estudos em Nutrição, Transtornos Alimentares e Obesidade.

Marle Alvarenga: Nutricionista, mestre e doutora em Nutrição Humana Aplicada interunidades (USP). Pós-doutora em Nutrição em Saúde Pública (FSP/USP). Orientadora do Programa de Pós-Graduação em Nutrição em Saúde Pública (FSP/USP). Supervisora do grupo de Nutrição do Programa de Transtornos Alimentares (Ambulim, IPq-HCF-MUSP). Formação em *Intuitive Eating* (Intuitive Eating Pro Skills Training Teleseminar). Coordenadora do Grupo de Estudos em Nutrição, Transtornos Alimentares e Obesidade (Genta) e idealizadora do Nutrição Comportamental.

Sophie Deram: Engenheira agrônoma e nutricionista, com doutorado do Departamento de Endocrinologia da Faculdade de Medicina da Universidade de São Paulo (FMUSP). Concentra suas pesquisas nas áreas de obesidade infantil, nutrigenômica, transtornos alimentares e neurociência do comportamento alimentar. Pesquisadora no Ambulatório do Programa de Transtornos Alimentares (Ambulim) do Hospital das Clínicas do IPq-FMUSP, onde coordena o projeto de genética do banco de DNA dos pacientes com transtorno alimentar.

Joana de Vilhena Novaes: Psicanalista, Pós-doutora em Psicologia Social e coordenadora do Núcleo de Doenças da Beleza da PUC do Rio de Janeiro.

Cybelle Weinberg: Psicanalista, Doutora em Psicologia Clínica pela PUC/SP e coordenadora da Clínica de Estudos e Pesquisas em Psicanálise da Anorexia e Bulimia (Ceppan).

Gabriela Malzyner: Psicóloga e Psicanalista, mestre em Psicologia Clínica pela PUC/SP. Membro da Ceppan.

Patricia Gipsztejn Jacobson: Psicanalista. Especialista em adolescência, membro da Ceppan e mestranda em Psicologia Clínica pela PUC/SP.

Luciana Saddi: Psicanalista e escritora. Membro efetivo e docente da Sociedade Brasileira de Psicanálise de São Paulo, Mestre em Psicologia Clínica pela PUC/SP.

Mônica Colognese Barros: Psicóloga Clínica, Mestre em Psicologia pela UFRGS.

Amanda Menezes Gallo: Psicóloga clínica, psicóloga colaboradora do Ambulim (IPq--HCFMUSP), especialista em Terapia Cognitivo-Comportamental pela Universidade Cândido Mendes, Mestre em Avaliação Psicológica em Contexto de Saúde Mental pela Universidade São Francisco, Doutora em Distúrbios do Desenvolvimento pela Universidade Presbiteriana Mackenzie.

Sites e palestras on-line

Ellyn Satter Institute: http://ellynsatterinstitute.org

Intuitive Eating: http://www.intuitiveeating.org

Self Compassion: http://self-compassion.org

Linda Bacon: https://lindabacon.org

Ministério da Saúde: http://portalsaude.saude.gov.br

Organização Mundial da Saúde: http://www.who.int/topics/obesity/en/

Palestra de Tal Ben-Shahar: http://www.talbenshahar.com

TedTalk de Brené Brown: https://www.ted.com/talks/brene_brown_on_vulnerability e https://www.ted.com/talks/brene_brown_listening_to_shame

Enough with the fear of fat, Kelli Jean Drinkwater: https://www.ted.com/talks/kelli_jean_drinkwater_enough_with_the_fear_of_fat

TedTalk de Amy Cuddy – Sua linguagem corporal molda quem você é: https://www.ted.com/talks/amy_cuddy_your_body_language_shapes_who_you_are?language=pt-br

The Space Between Self-Esteem and Self Compassion: Kristin Neff: https://www.youtube.com/watch?v=IvtZBUSplr4

After anorexia – Life's too short to weigh your cornflakes, Catherine Pawley: https://www.youtube.com/watch?v=gZpcTVqpaPw

Why dieting doesn't usually work, Sandra Aamodt: https://www.ted.com/talks/sandra_aamodt_why_dieting_doesn_t_usually_work?

Entrevista com Cindy Crawford – "I want to wake up looking like Cindy Crawford": http://www.cbc.ca/radio/q/schedule-for-thursday-november-12-2015-1.3315402/cindy-crawford-i-want-to-wake-up-looking-like-cindy-crawford-1.3315415

H&M e o uso de corpos de mulheres feitos por software: http://jezebel.com/5865114/hm-puts-real-model-heads-on-fake-bodies

AGRADECIMENTOS

O dia em que entrei em mais uma clínica de emagrecimento, em 2013, para fazer mais uma dieta restritiva para "resolver" meu problema com meu corpo, eu conheci uma pessoa muito especial. Entrei numa salinha e lá estava a Amanda, então psicóloga da clínica. Aquela foi a primeira vez alguém me escutou e, realmente, compreendeu o tamanho do meu sofrimento. A Amanda foi a primeira pessoa que entendeu a guerra que estava acontecendo dentro de mim. Muito obrigada!

À Mônica, minha psicóloga. Você me ensinou que eu tinha o direito de sofrer, de não ser perfeita, de ser humana. Você me ajudou a entender sentimentos tão confusos e sofrimentos que estavam guardados lá no fundo. Obrigada por tantas vezes acalmar o meu coração.

À Marcela, minha nutricionista, obrigada por me ensinar que um pão é apenas um pedaço de pão, e não o meu pior inimigo. Por mudar a minha relação com os alimentos. Nenhuma palavra será suficiente para expressar a minha gratidão. Obrigada pela paciência, por todas as vezes que eu chorei e quase desisti, e você me disse que ia ficar tudo bem. Você me ensinou a confiar no meu corpo.

À Ana Clara, minha psiquiatra. Você foi a primeira profissional que aceitou dar uma entrevista para o meu canal e no dia daquela entrevista me fez perceber que eu não tinha apenas um "probleminha" com meu corpo. Obrigada por me mostrar que eu preciso de ajuda e que transtornos alimentares e de imagem são doenças sérias, que nos privam de viver em paz.

Aos meus pais, pelo amor, paciência, apoio e carinho. Amo muito vocês!

Ao meu marido. Você me ensinou que dentro daquela menina do interior, insegura e que morria de vergonha de tudo, existe uma mulher inteligente, capaz, corajosa e bonita. Você me faz sentir única, especial.

Às editoras Alice, Alessandra, Nana e Virginie, minha gratidão. Não é fácil organizar as ideias, informações e entrevistas, costurar uma história de uma dor que me acompanhou por tantos anos. Vocês me guiaram com muito carinho e atenção e me ajudaram a fazer este livro com todo o cuidado, seriedade e respeito que o tema exige. Temos uma obra de coração para tocar o coração dos leitores.

E muito obrigada a todos os profissionais que participaram deste livro e do canal EuVejo. Vocês fazem a gente acreditar que é possível viver em paz com o corpo e com a comida. Gratidão!

Nasci em uma família típica de descendentes de italianos que adora resolver as coisas em volta da mesa: alegrias e tristezas, tudo acaba em comida.
Na foto ao lado, eu, com poucos meses, minha mãe e meu irmão mais velho, Carlos.

À direita, uma rara foto minha usando biquíni, de férias com meus irmãos Carlos e Bolivar (Bolico) na praia de Arroio do Sal (RS); aos 6 anos, eu já era grande para minha idade.
Abaixo, aos 8 anos, na casa da minha avó paterna, no interior gaúcho.

O Rio Grande do Sul é um estado exportador de modelos. Na foto ao lado, aos 8 anos, quando participei do desfile de formatura de um curso de modelo e postura. Eu estava desconfortável, pois me sentia totalmente inadequada para aquele universo.

Acima, à esquerda, com meus pais e meu irmão, aos 10 anos, em um rodeio em Vacaria, onde fui escolhida "a mais prendada prenda". À direita, com o prêmio por ter vencido um concurso de declamação de poesias. Com os vestidos de prenda, que marcavam bem a cintura, eu sentia vergonha por não ser magra como as minhas colegas. Hoje sei que isso já era indício do meu problema de distorção da imagem corporal.

Ao lado, aos 17 anos, quando venci o concurso Rainha da Fenakiwi, um dos vários de que participei. Apesar de ter um peso considerado normal, sempre senti uma enorme insatisfação com meu corpo. Nessa época comecei a usar remédios para emagrecer todos os dias.

A foto à direita, aos 19, retrata o auge do meu vício em remédios para emagrecer e marca o peso mais baixo que alcancei na vida adulta: 57 quilos. Ainda assim, estava insatisfeita. Meu sonho sempre foi pesar menos de 50 quilos.

Em minha primeira viagem aos Estados Unidos, aos 21, eu ainda usava remédios para emagrecer todos os dias e já havia feito uma lipoaspiração. Eu continuava me sentindo gorda e inadequada – e agora tinha cicatrizes e dívidas.

Nos anos seguintes, minha relação com a comida ficou ainda mais problemática, mas minha vida profissional começou a decolar. Na foto ao lado, aos 24 anos, com meus pais, Maria de Lourdes e Bolivar, no dia da minha formatura em Jornalismo. Nessa época eu já trabalhava como repórter de televisão na UCSTV em Caxias do Sul.

Aos 26, comecei a trabalhar na afiliada da Globo em Caxias do Sul, a RBS TV. Era repórter, produtora, editora e apresentadora do Jornal do Almoço.

Em outubro de 2008, ainda com 26 anos, o que parecia um sonho tornou-se realidade: fui convidada para trabalhar na TV Globo em São Paulo. Para aplacar a insegurança, a ansiedade e a saudade da família, recorri, como sempre, à comida. Engordei 7 quilos no primeiro ano, o que não passou despercebido pelos meus chefes. Ouvi quatro vezes de meus superiores que eu era ótima profissional, mas precisava emagrecer.

Conheci o Tiago nos corredores da Globo. Nosso casamento, em 2012, foi um dos momentos mais marcantes da minha história. Estava com muita vergonha do meu corpo e achava que deveria perder no mínimo 10 quilos para me casar. Por isso comecei a tomar muitos medicamentos para emagrecer, mas ele descobriu e me disse: "Ou os remédios ou eu." Joguei tudo no lixo e nunca mais usei moderadores de apetite. Cheguei ao dia do casamento sem ter perdido um grama sequer, mas foi um dos dias mais felizes da minha vida.

Em 2015 pedi uma licença no trabalho e fui fazer um curso na China. Durante aquela viagem, percebi que precisava acreditar nos meus sonhos e me preparei para iniciar uma grande transformação na minha vida.

Em abril de 2016, aos 34 anos, pedi demissão do trabalho de repórter de televisão. Esta foi minha última participação ao vivo no SPTV. Nesse dia, me desafiei a aparecer na TV com os braços de fora. Estava muito calor e decidi que não iria mais me esconder em roupas escuras e de mangas compridas.

EuVejo
▶ Subscribe   0

Uploads

EuVejo com Daiana Garbin
3 views
9 minutes ago

6:50

No dia 20 de abril de 2016, criei o EuVejo, meu canal do YouTube dedicado a falar sobre transtornos alimentares, autoimagem, padrões de beleza e o sofrimento das pessoas com o corpo e a comida.

Desde que lancei o canal, minha vida mudou completamente. Hoje sou uma mulher realizada e tenho muito orgulho de mim mesma e do meu trabalho. Este sorriso reflete a alegria de ajudar as mulheres a viverem em paz com sua imagem e a minha felicidade de finalmente estar fazendo as pazes com o meu corpo e com a comida.

CPSIA information can be obtained
at www.ICGtesting.com
Printed in the USA
LVHW020123211020
669248LV00007B/176